AKAL / PENSAMIENTO CRÍTICO

112

AF218143

Diseño interior y cubierta: RAG

Motivo de cubierta: Antonio Huelva Guerrero
Instagram: @sr.pomodoro

Título original:
Il capitale amoroso. Manifesto per un eros politico e rivoluzionario

Munizioni Copyright © 2019 Roberto Saviano
© 2021 Giunti Editore S.p.A. / Bompiani, Firenze-Milano

© Ediciones Akal, S. A., 2024
para lengua española
Sector Foresta, 1
28760 Tres Cantos
Madrid - España
Tel.: 918 061 996
Fax: 918 044 028
www.akal.com

ISBN: 978-84-460-5500-6
Depósito legal: M-3.747-2024

Impreso en España

Jennifer Guerra

El capital amoroso
Manifiesto por un eros político y revolucionario

Traducción de
Antonio Antón

ARGENTINA
ESPAÑA
MÉXICO

A Paolo

«El deseo que surge de la alegría,
en igualdad de circunstancias, es más fuerte
que el deseo que brota de la tristeza».

Baruch Spinoza, *Ética*, cuarta parte,
proposición XVIII

CAPÍTULO I
Las seis ideologías del amor

Seguimos buscando el amor
aun cuando todo parezca perdido.

bell hooks, *todo sobre el amor.*

Me enamoré de Ernest Hemingway en una tarde de mis dieciséis años, sentada en el suelo de la biblioteca del pequeño pueblo somontano en el que vivía. En un nicho, al fondo del estante, se amontonaban todos sus títulos disponibles, acaso demasiados para una biblioteca de provincia. A los dieciséis años se ama sin reservas y ese día me enamoré de un viejo coronel americano con un corazón a punto de estallar, que pasa los últimos tres días de su vida junto a una joven italiana, Renata, paseando por las calles de Venecia. Recuerdo ese momento con exactitud como se recuerdan los primeros instantes de un gran amor. Retiré del estante *Al otro lado del río y entre los árboles*, leí algunas páginas al azar y abracé ese libro, que describía un amor tan puro que parecía inconcebible. Aunque la novela tuviera como protagonista a un hombre de cincuenta años, tenía la impresión de que los sentimientos que narraba pertenecían a las emociones extremas que solamente se sienten en la adolescencia, como un valioso regalo que se recibe y se atesora durante unos pocos años. Se ha dicho mucho sobre Hemingway; de hecho, demasiado, hasta el punto de convertirlo en uno de esos escritores algo devaluados y pasados de moda que los intelectuales comentan con fría condescendencia. Llegó demasiado tarde para ser modernista y demasiado pronto para ser posmoderno. Escribía con un estilo sobrio y seco, imitado muchas veces, y mal, dicho sea de paso. Su vida ha sido objeto de especulaciones: el boxeo, los divorcios, los toros, la caza, Cuba, el suicidio. Y en sus libros, los grandes temas, el hombre contra la naturaleza, la guerra, la ausencia de Dios. Se ha discutido mucho sobre lo que impulsa a sus personajes a comportarse como lo hacen, es decir: yendo derechos hacia una meta sin arredrarse ante las adversidades. Hay quien habla de nihilismo y quien habla de lo sublime, algunos de valentía y otros de aceptación de la muerte, pero casi nadie dice que los protagonistas de Hemingway hacen lo que hacen por la más simple e importante razón que pueda haber. El amor.

Desde Robert Jordan, que se une a la resistencia española contra el fascismo, hasta la lucha de Santiago con el marlín, hay una fuerza que los guía y arrastra inexorablemente, y es un amor profundo por alguien. Algo, una persona, el mar, la vida, un ideal. Inmediatamente sentí una comunión con los personajes de Hemingway: yo también creo que el amor es el motor que impulsa una idea de mundo y, por qué no, también es una fuerza política. Como una ideología, el amor nos obliga a cuestionar continuamente nuestras vidas, a defender unos valores y a cultivar el cambio. Decidir unirse al amor supone una travesía larga y difícil que pocos tienen el valor de emprender. Todos, o casi todos, lo experimentan en algún momento, pero hacer de él una praxis requiere de un esfuerzo adicional que no todo el mundo está dispuesto a hacer. El primer obstáculo que se debe superar consiste en reconocer que el amor no es exactamente como nos cuentan. Roland Barthes decía que las palabras de amor son «de una extrema soledad»[1]: todos hablan del amor, pero nadie lo sostiene. Su discurso termina «en la deriva de lo inactual, deportado fuera de toda gregariedad»[2], algo que se complica aún más por el hecho de que la sociedad vendría a estar dividida por dos dis-

---

[1] R. Barthes, *Fragmentos de un discurso amoroso*, trad. de Eduardo Molina, Mexico D. F., Siglo XXI, 1982, p. 11.
[2] *Ibid.*

12

cursos diferentes sobre el amor. El primero consiste en una narración romántica y edulcorada, transmitida por las novelas, las películas y el marketing publicitario, que ya hemos introyectado en nuestro sistema de valores. Esta narración fija un estándar muy alto para nuestras expectativas, especialmente entre las mujeres, principales destinatarias del mensaje. Los medios de comunicación tienden a idealizar el sentimiento amoroso como un estado de felicidad permanente, de abnegación para con los demás; como un sentido de plenitud y culminación. A menudo funciona según el *topos* del cuento de hadas: una mujer ingenua y desesperada atraviesa una serie de vicisitudes, pasando de un estado de desventura causado por su soledad, a un estado de ventura, tras la consecución romántica de una pareja monógama o una familia nuclear. *Pretty Woman*, celebérrima película de 1990 dirigida por Garry Marshall, con Richard Gere y Julia Roberts, es quizás el estudio de caso más interesante de este género: respeta escrupulosamente el canon del cuento de hadas, como reinterpretación posmoderna de *Cenicienta*, una muchacha pobre cuya nobleza espiritual se certifica gracias al amor de un príncipe azul. En la universidad, un profesor de literatura nos pidió que describiéramos la escena final de la película. Todos recordábamos que un intrépido Edward, desafiando su miedo a las alturas y acompañado por la música de *La traviata* (no en vano, otra historia de prostitución), sube por la escalera de emergencias del sórdido apartamento de su amada gritando: «¡Princesa Vivian!». Sin embargo, nadie se acordaba de la conclusión real. Mientras la cámara se aleja de la ventana del apartamento, suena una *voz en off,* que dice: «¡Bienvenido a Hollywood! ¿Cuál es tu sueño? Todo el mundo viene aquí: esto es Hollywood, la ciudad de los sueños. Algunos se hacen realidad, otros no, ¡pero seguid soñando! Esto es Hollywood: ¡*hay que* soñar! Así que, ¡seguid soñando!».

A pesar de esta brusca ruptura de la suspensión de la incredulidad que se produce a través de ese recurso metatextual, que nos dice que lo que acabamos de ver en los 119 minutos de película era una broma, *Pretty Woman* sigue siendo una de las películas románticas por excelencia, hasta el punto de que a muchos, como a mis compañeros y a mí misma, se nos había olvidado el pequeño pero fundamental detalle del final. Este es un ejemplo, quizás banal, de hasta qué punto hemos introyectado el *topos* del amor romántico. Sabemos todos que se trata de una mentira: ninguna relación humana puede estar compuesta exclusivamente de momentos felices. Y pese a todo, algo nos empuja continuamente a ignorar la voz en off que nos avisa de que la idea de amor fabricada por Hollywood no se corresponde con la realidad.

Casi como reacción a una representación tan edulcorada, cada vez más personas encuentran consuelo e indulgencia pensando el amor en términos de cinismo, repulsión o incluso odio. Tal y como ocurre con la otra narración, también esta es apoyada y propagada por los medios de comunicación de masas. El cinismo respecto al amor tiene muchas razones, más profundas y complejas que el atractivo inmediato del cliché del amor romántico. Por un lado, hay una generalizada estigmatización de la soledad. Una persona soltera mayor de cierta edad es vista con suspicacia, como si su condición indicara claramente que en ella habría algo que no va bien. Aunque muchos productos culturales estén dirigidos a solteros, particularmente a mujeres, aún prevalece el objetivo de superar la «soltería» *[«singletudine»]* para realizarse en lo amoroso. Continuando con productos pensados para el público femenino, la serie *Sexo en Nueva York* [*Sexo en la ciudad* en Hispanoamerica] es la más emblemática de esta paradoja: la vida de mujeres libres que llevan Carrie, Miranda, Charlotte y Samantha se exalta en cada episodio de la serie, que para todas, sin embargo, concluye con ese final feliz que es la pareja monógama (¡incluso para Samantha!). De modo que la dificultad objetiva para encontrar pareja, combinada con la culpa de la soledad, lleva a muchas personas a sentir rabia y frustración hacia el amor. En este contexto, entra en juego otra causa muy importante que analizaremos en profundidad en las páginas siguientes: la decepción respecto al amor es en realidad una decepción respecto a la sociedad.

A veces parece que se librara una especie de guerra silenciosa entre las dos facciones, que consideran a la otra estúpida o ingenua: tarde o temprano el amor triunfará o te defraudará por completo. Consideraciones tan polarizadas sobre el amor prescinden de las vivencias personales: hay románticos incurables que nunca han tenido una relación y, viceversa, cínicos profesionales con veinte años de matrimonio a sus espaldas. Es más, en cierto sentido, casos similares demuestran precisamente que lo que pensamos sobre el amor no solo influye en la esfera privada: el amor es un asunto público, sobre el cual consideramos oportuno posicionarnos, y de hecho tomamos una posición radical y a menudo más intransigente que la expresada en las urnas. Y no es solamente eso. A partir de esta posición nos gusta construir una imagen de nosotros mismos con la que nos presentamos ante la sociedad, pese a que sigamos repitiéndonos que lo personal debe separarse de lo político. Pero se trata de una ilusión: por reconfortante que sea, es ingenuo pensar que todavía exista un núcleo íntimo e inviolable de nuestra vida, y es aún más ingenuo creer que nuestras elecciones amorosas están completamente separadas de lo que sucede fuera de ese núcleo.

De hecho, amar no es algo que nos sucede si somos afortunados, ni un simple accidente. Es, ante todo, una elección, que se hace todos los días. Como escribe la teórica feminista bell hooks en su libro *Todo sobre el amor*,

> Convendría empezar a considerar el amor como una acción más que como un sentimiento, puesto que de este modo asumiríamos automáticamente una parte de responsabilidad por ello. A menudo se nos enseña que no tenemos control sobre nuestros «sentimientos» y, sin embargo, admitimos sin ningún género de dudas que las acciones que realizamos son el resultado de una elección, que la intención y la voluntad desempeñan un papel

decisivo en todo lo que hacemos. A ninguno de nosotros se le ocurriría negar que nuestras acciones tienen consecuencias[3].

A menudo consideramos que el amor es algo irracional e indomable, y quizás esto sea lo que nos confunde: parece escapar a nuestro control, pero también al de la sociedad, que en cambio otorga gran importancia a la disciplina. Sin embargo, el amor no es solo un sentimiento, es una acción. Lo sostuvo también Erich Fromm en su clásico *El arte de amar*[4]: estamos acostumbrados a pensar que el amor es algo que se posee y no algo que se da. Intentemos por tanto ser amables, hacer que se nos ame, en lugar de concentrarnos en lo que *nosotros* hacemos para amar al prójimo. Nuestra sociedad fomenta este tipo de mentalidad, deplorando la soledad y culpabilizándonos si no somos dignos de ser amados. En lugar de animarnos a reflexionar sobre cuánto podemos hacer para buscar un compañero o compañera, señala nuestras características, nuestra apariencia o nuestro estilo de vida. Según la cultura dominante, deberíamos cambiar para ser dignos de atención y, por tanto, de amor. No hace falta decir que las categorías sociales marginadas son las que más sufren este prejuicio. Al mismo tiempo, guardamos silencio sobre nuestra disponibilidad para amar, como si la relación amorosa fuera unilateral. Una convicción que nos aflige enormemente porque nos subordina a algo que no depende de nuestra voluntad, reduciéndonos a la impotencia. No obstante, como señala bell hooks, los sentimientos no son controlables, pero las acciones sí. Y las acciones tienen consecuencias o, mejor dicho, conllevan responsabilidades. Esto, obviamente, no significa que podamos amar a discreción, sino que podemos, por ejemplo, invertir tiempo y esfuerzo para hacerle entender a alguien que si no lo amamos, no es culpa

---

[3] bell hooks, *Todo sobre el amor. Nuevas perspectivas*, trad. de María José Viejo, Barcelona, Paidós, 2021, pp. 38-39.
[4] Erich Fromm, *El arte de amar* [1959], trad. de Noemí Rosenblatt, Buenos Aires, Paidós, 1966.

nuestra, ni suya. Que es alguien digno de ser amado. Que estamos ahí para esa persona si todavía quiere pasar tiempo con nosotros. Con esto bastaría para demostrar que el amor es una fuerza social; pero por supuesto todo es más complicado. Porque definir el amor es complicado, y este libro no pretende hacerlo: hablaremos del amor, pero no tanto de lo que es, sino de lo que es capaz de hacer. La idea de fondo es que el amor no solo puede cambiar profundamente la vida de cada una de nosotras, sino también la vida de la sociedad en su conjunto.

A veces, cuando los intelectuales o los científicos no pueden dar una definición precisa de algo lo clasifican (y no deja de ser una herramienta muy útil para entender un fenómeno). El sociólogo canadiense John Alan Lee, por ejemplo, en su libro de 1973 *Colors of Love. An Exploration of the Ways of Loving* identificó seis tipologías del amor, o más bien, «ideologías». Aparte de sus contribuciones en el campo sociológico, Lee es conocido por ser un icono del activismo LGTBQ+. Primer personaje público en *salir del armario* en directo en televisión (el 14 de febrero de 1974) y miembro fundador de la histórica revista científica *Journal of Homosexuality*, trató extensamente el amor, la sexualidad y el sadomasoquismo. Fue uno de los primeros en emplear la expresión «comunidad gay» en un periodo –los años setenta– en el que gays, lesbianas y trans no solo eran invisibles de hecho a los ojos de la sociedad, sino que, sobre todo, no se percibían como un grupo cohesionado, es más, no creían tener nada en común entre ellos[5].

La clasificación de Lee en *Colors of Love* se basa en un análisis empírico de la población del Reino Unido, Canadá y Estados Unidos, realizado durante su doctorado en sociología. A Lee no le interesaba tanto identificar tipos psicológicos como investigar cuáles eran las causas económicas y sociales que llevaban a las personas a abrazar una determinada ideología del amor. Lee fue el primero que intentó averiguar si factores como el género,

---

[5] Stephen O. Murray, «Dr. John Alan Lee: In Memoriam», *Journal of Homosexuality* 62, 1 (2015), pp. 1-3.

la edad y, sobre todo, la clase social influían en el modo de concebir el amor. Antes del suyo, se habían realizado otros estudios sobre el comportamiento romántico de determinados grupos sociales, pero a nadie se le había ocurrido reunir a personas de diferente extracción, edad e incluso orientación sexual.

La comunidad LGBTQ+ no tenía visibilidad en esa época, excepto en ciertas subculturas. El estigma que rodeaba a la comunidad, incluso en los países más progresistas y liberales, era algo que hoy nos cuesta imaginar. Lee, al hacer del amor objeto de investigación, e incluir también el amor homosexual, logró algo extraordinario: por primera vez otorgó importancia y dignidad académica a una cuestión muy poco tolerado por la opinión pública. Además, al colocar el amor gay junto al amor heterosexual pudo alejar de la homosexualidad la idea de que se trataba de una perversión, como pretendía el prejuicio de la época, y la legitimaba como una más entre tantas orientaciones sexuales y románticas posibles.

Según la teoría de Lee, de las seis ideologías del amor, tres derivan de la tradición griega *(eros, ludos, storgé)*, mientras que las otras tres surgen de la combinación de las anteriores *(ágape,* es decir, *eros* más *storgé; pragma,* es decir, *ludos* más *storgé;* y *manía,* es decir, *eros* más *ludos)*. Estas categorías no deben entenderse como absolutas sino de forma interdependiente: cada uno de nosotros puede adoptarlas todas según la ocasión; alguno elegirá predominantemente una o experimentará con ella solo durante cierto tiempo. Pero veámoslas en detalle.

El primer tipo es *eros*. Se trata del clásico «amor a primera vista» que se basa en gran medida en la exaltación de la belleza física, en la atracción y en buscar en una persona su correspondencia con un ideal estético. Quienes practican esta ideología del amor dan gran importancia a la apariencia externa de su pareja y desean la satisfacción inmediata de los sentidos. Esto no quiere decir que el *eros* se resuelva solo en el acto sexual; también puede hacerlo en una relación duradera, en la cual la belleza del otro representa un punto fundamental para la sostenibilidad de la relación.

Eros es objeto de discusión en *El Banquete* de Platón, donde cada personaje dedica un elogio al dios del amor. El más importante de los discursos es el de Sócrates, que no obstante recoge las palabras de la misteriosa sacerdotisa Diótima[6]. Según Diótima, Eros no es ni un dios ni un mortal, sino un intermediario entre los hombres y los dioses. Es hijo de Poros, la abundancia, y Penia, la pobreza, y fue concebido durante el banquete en honor del nacimiento de Afrodita, diosa de la belleza. De ahí que Eros sea amante de lo bello. Su naturaleza, a medio camino entre la humana y la divina, y las características debidas a su linaje, hacen que sea inestable y contradictorio, como lo somos todos cuando estamos enamorados, y lo sitúan a medio camino entre la sabiduría y la ignorancia: *eros* aspira a la sabiduría, que se encuentra entre las cosas más bellas, y por tanto el filósofo (la palabra «filosofía» deriva precisamente de la unión de *philo*, amor, y *sophia*, sabiduría). Por consiguiente, sería injusto interpretar el *eros*, incluso en la acepción de John Alan Lee, como una forma de amor carente de fundamento verdadero o inferior a las demás, pues según observa Diótima Eros no desea simplemente la belleza sino que quiere ser generador en lo bello, hacer que de la belleza nazca nueva vida[7].

Si damos otro paso dentro de la clasificación de *Colours of Love* cerca del *eros* encontramos *ludos*, donde la relación es un juego, y por tanto tiene un componente competitivo. Quien practica el amor lúdico busca en el otro un compañero de diversiones, ya sean sexuales o no, y no suele ser proclive a relaciones estables, pero aun así está dispuesto a respetar las reglas del juego, es decir, las estrategias que se emplean para conquistar el amor del otro. Se incluirían aquí, por ejemplo, diversas téc-

---

[6] Diótima también dio nombre a uno de los grupos filosóficos más importantes del feminismo de la diferencia en Italia, fundado en 1983 en la Universidad de Verona.

[7] Platón, *Banquete*, en *Diálogos*, III, trad. de M. Martínez Hernández, Madrid, Gredos, 1986, 209a-212c, pp. 259-266.

nicas de seducción, la rutina de las citas o aplicaciones como Tinder o Grindr (aunque esto Lee no pudo conocerlo).

La ideología lúdica lleva a las personas a cambiar a menudo de pareja por temor al aburrimiento que conlleva la estabilidad. Sin embargo, esto no implica que el amor lúdico esté motivado por la pasión; de hecho, la culminación de la relación se desplaza a un nivel recreativo y festivo, y no al erotismo como fin en sí mismo.

Lee señala que quienes practican este tipo de amor, muy extendido sobre todo en la sociedad occidental y casi ausente en la oriental, son principalmente jóvenes y varones, especialmente homosexuales.

La tercera ideología del amor es *storgé*, que para Lee concluye la tríada básica. *Storgé* es el amor como amistad y, al igual que *ludos*, se caracteriza por la ausencia de pasión.

Las relaciones basadas en esta ideología a menudo surgen de sentimientos muy profundos, nacidos y madurados en contextos de proximidad, como la pertenencia a la misma comunidad, la misma clase en la escuela, o la misma parroquia.

Storgé se basa en la empatía hacia el otro, un sentimiento que crece con el tiempo, creando estabilidad. Es una forma de amor típica de las zonas rurales, y la practican las mujeres, en particular, observa Lee, las lesbianas.

Casi en el polo opuesto a *storgé* encontramos la *manía*, la unión de *eros* y *ludos*. El amor maníaco se basa en la obsesión y el control. Quienes practican la *manía* tienen por único pensamiento al ser amado, y se consideran «el Otro» en la pareja, como si no estuvieran a la altura del objeto perfecto de su amor. En él se reconocen las personas infelices, que necesitan verse continuamente animadas. Las relaciones basadas en la *manía* suelen ser de corta duración, ya que se erigen sobre cimientos frágiles. De hecho, no es raro que el amor obsesivo se convierta en odio.

Las dos últimas ideologías analizadas por Lee –*pragma* y *ágape*– son las que más nos interesan, y reaparecerán muchas veces, porque están sujetas a la influencia de las condiciones socioeconómicas. *Pragma*, fusión de *ludos* y *storgé*, es el amor basado en el cálculo, la compatibilidad y la conveniencia. Quien practica el amor pragmático está buscando una pareja que responda a una expectativa, no tanto estética como cualitativa; por ejemplo: un determinado nivel de vida, un determinado nivel de educación o estatus social.

Pragma se centra en lo posible, más que en lo imposible o en el deseo; como su propio nombre indica, se caracteriza por una buena dosis de realismo y consiguientemente por la ausencia de pasión. De *ludos* derivaría la idea de que el amor es una forma de premio o trofeo, y de *storgé* la seguridad que puede ofrecer una pareja a la que se ha conocido dentro del propio círculo de amistades.

Lo que más caracteriza a *pragma*, sin embargo, es el sentido de realismo (y materialismo) que se concreta en el cálculo de conveniencia –social o económica– de una relación, considerada como una inversión con el menor margen de riesgo posible.

Pragma es la ideología dominante del amor en la sociedad moderna, que considera la institución del matrimonio y la familia como claves de bóveda.

En *El origen de la familia, la propiedad privada y el Estado* (1884), Friedrich Engels describe cómo se creó la institución familiar monógama para asegurar la transmisión del patrimonio a un heredero cuya consanguineidad estuviera asegurada. El adjetivo monógamo no debe inducirnos a error: el vínculo de la monogamia se aplica solo a la mujer. De hecho, aunque la esposa debía guardar una fidelidad absoluta a su marido (precisamente para que no engendrara hijos ilegítimos, con el consiguiente riesgo de dispersar el patrimonio), él podía disfrutar de otras formas de placer, incluso de amor.

Esclavos, prostitutas, amantes: la infidelidad masculina ha sido históricamente aceptada, casi como una necesaria extensión del núcleo familiar, hasta el punto de que en muchos lugares (en Italia hasta la Ley Merlin de 1958) el Estado regulaba y fomentaba la prostitución.

Engels define la familia monógama como «la forma celular de la sociedad civilizada»[8] donde las dinámicas y contradicciones que afectan a toda la sociedad se repiten a pequeña escala. En particular, se genera «la primera división del trabajo»[9], la que existe entre el hombre y la mujer. De este modo, el matrimonio nace como un asunto de conveniencia, acordado por los padres de los cónyuges, cuyo objetivo principal es conservar intacto el patrimonio y nada tiene que ver con el amor. Engels también señala que la primera forma de amor sexual como pasión «institucionalizada» fue el amor caballeresco, que no tenía nada que ver con el amor conyugal, sino que de hecho era un privilegio de la clase dominante. Ciertamente, a campesinos, aparceros y trabajadores no les sobraba tiempo como para invertirlo en el amor cortés, practicado por sus señores. En este sentido, el amor ha sido, desde un punto de vista histórico, una forma de privilegio: no solo de clase, sino también de género.

Las formas de amor extraconyugal, como el trabajo sexual y el *demi-monde*, eran quizás las únicas oportunidades que tenía un hombre de entablar relaciones sentimentales auténticas. Obviamente no se puede decir que se tratara de amores correspondidos por las mujeres involucradas, que recibían dinero u otros favores a cambio de sus atenciones. Por consiguiente, la relación no podía ser de igual a igual: para el hombre, recurrir a la prostitución era aceptable, cuando no deseable, mientras que la prostituta o la *cocotte* –por muy alta que fuera su posición social– tenía que pagar un alto precio de marginación. De este modo, la familia y el matrimonio burgués eran de alguna manera formas «ideales» de amor pragmático. Incluso cuando el desposorio no se realizaba en total oposición a los deseos de ambas partes, se creía que el amor llegaría «tarde o tempra-

---

[8] Friedrich Engels, *El origen de la familia, de la propiedad privada y del Estado. En relación con las investigaciones de L. H. Morgan* [1884], Madrid, Akal, 2017, p. 84.
[9] *Ibid.*

no», como relata Jane Austen en *Orgullo y prejuicio* (1813). Era un razonamiento muy práctico: había una prioridad (la transmisión del capital a través de la descendencia), y ya después el sentimiento auténtico, como una consideración secundaria.

En un extraordinario diálogo con Laurie, el personaje de Amy March en la reciente versión cinematográfica de *Mujercitas*, dirigida por Greta Gerwig, nos recuerda también que el principal objetivo del matrimonio era el intercambio económico:

AMY: Siempre he querido casarme con un hombre rico, ¿por qué tendría que avergonzarme?

LAURIE: No hay nada de qué avergonzarse si lo amas realmente.

AMY: Oh, bueno, creo que cada una tiene el poder de elegir de quién se enamora y no creo que eso suceda sin más.

LAURIE: Los poetas podrían estar en desacuerdo al respecto.

AMY: Sí, pero no soy poeta. Solo soy una mujer. Y como mujer no puedo ganarme la vida sola. No lo suficiente para mantenerme o alimentar a mi familia. Y si tuviera dinero propio, que no lo tengo, pertenecería a mi marido en el momento en que se casara conmigo. Y nuestros hijos serían suyos, no míos. Serían de su propiedad, así que no te pongas a decirme que el matrimonio no es una cuestión económica, porque lo es. Quizás no lo sea para tí, pero seguro que lo es para mí.

Mucho ha cambiado desde la época de Engels y Louisa May Alcott (que escribió *Mujercitas* en 1868, quince años antes de *El origen de la familia*, y aunque desde luego no fuera comunista, ya reflexionaba sobre la relación entre la economía y la institución del matrimonio). Pero el discurso de Amy, que no aparece en el libro y fue escrito por Gerwig para la película de 2019, hace sonar acordes muy contemporáneos.

Aunque la práctica de los matrimonios concertados se haya extinguido en la sociedad occidental, no se puede decir lo mismo respecto al aspecto práctico, e incluso económico, de las relaciones amorosas. De hecho, se podría pensar que la ideología pragmática del amor ha ido desvaneciéndose a medida que se producía el progresivo declive de la pareja monógama y de la familia tradicional como únicos modelos posibles. En realidad, el *pragma* se ha visto fortalecido por este cambio social. Sin la previsibilidad del matrimonio burgués, las personas se sienten desorientadas, cuando no atemorizadas, ante el amor. La lógica parece sugerir que el abandono de la costumbre matrimonial tendría que haber dado paso a nuevos estilos de vida, basados en una mayor libertad. Por una parte, es cierto: hoy en día muchas personas conviven sin casarse, tienen relaciones abiertas o poliamorosas, o se divorcian sin demasiados problemas, cuando hasta hace no mucho, todo ello no estaba bien visto.

Sin embargo, la imprevisibilidad, en lugar de hacer que nos sintamos más libres y con mayor control sobre nuestras vidas, ha acabado por atemorizarnos. Muchos prefieren la seguridad de una relación estable y convencional, aunque se sientan profundamente infelices, con tal de no estar solos. Lo que da miedo no es solamente la soledad en sí misma, sino también el estigma social que conlleva estar solo.

Evidentemente, *pragma* no concierne solamente a quien elige estar con alguien a quien no ama, sino también a aquel que, en su ansia por satisfacer una determinada expectativa de pareja, amorosa o sexual, también se esfuerza por demostrar que tiene una vida íntima interesante, por ejemplo, cambiando constantemente de pareja.

Como hemos dicho, las ideologías del amor nunca son incompatibles entre sí, es más, se superponen conformando patrones muy complejos. Así, una persona que mantiene numerosas relaciones –rasgo típico del *ludos*– y no porque realmente lo desee, sino porque se siente obligada a hacerlo y a mostrarse de cierta manera a los ojos de la sociedad, combina *ludos* y *pragma*.

Phillip Anthony O'Hara, director de la *Global Political Economy Research Unit* (GPERU) de la Curtin University en Perth, Australia, se ha dedicado a estudiar estos patrones, calculando el «capital amoroso» de las personas que viven en economías neoliberales, llegando a la conclusión de que cultivar el amor es muy difícil en un sistema que desincentiva los cuidados, la compasión y la intimidad. O'Hara partió del estudio de Lee y de sus seis ideologías del amor y lo combinó con otras investigaciones económicas. La conclusión del artículo es bastante sombría:

> El amor debería ser una parte central en la vida de las personas, pero bajo las condiciones neoliberales, el amor holístico es incapaz de desarrollarse lo suficiente, lo que genera personalidades atrofiadas y un malestar psicocultural[10].

El amor holístico, según O'Hara, es la forma más completa de amor, que combina cinco factores diferentes: pasión, intimidad, compromiso, libertad y extensión social. Se acerca mucho a la idea del *ágape*, la sexta de las ideologías amorosas de Lee.

Ágape es amor incondicional, basado en el altruismo y la compasión. No tiene en consideración ningún tipo de beneficio o ventaja personal, y puede estar dirigido hacia una única persona, o hacia un grupo o comunidad. *Ágape*[11] es el amor de Jesús en la teología cristiana, fundado en la regla de oro del *Levítico*, «Amarás a tu prójimo como a ti mismo»[12], retomada en los evangelios de Mateo y Lucas, y ampliada en el de Juan: «Este es mi precepto: que os améis unos a otros como yo os he amado.

---

[10] Phillip Anthony O'Hara, «Political Economy of Love: Nurturance Gap, Disembedded Economy and Freedom Constraints within Neoliberal Capitalism», *Panoeconomicus* 2 (2014), pp. 161-192.

[11] La palabra *ágape* es un neologismo griego, a partir de su semejanza con el hebreo *ahabá*, término que designa al amor en el *Cantar de los cantares*.

[12] *Levítico* 19:18 [*La Biblia. Que es los sacros libros del vieio y nvevo testamento*, segunda edición, trad. de Casiodoro Reina y Cypriano de Valera (ed. Reina-Valera, «Biblia del Cántaro»), Imp. Lorenço Iacobi, Ámsterdam, 1602, fol. 38v].

Nadie tiene amor mayor que este, de dar uno la vida por sus amigos»[13]. Según esta regla, puesto que cada hombre es creado a imagen y semejanza de Dios, es digno de ser amado, tal y como el hombre ama a Dios, y viceversa. Por lo tanto, *ágape* se caracteriza por el sacrificio de uno mismo. Según Lee, se aproxima a *eros* y *storgé*: del primero toma la concepción platónica del amor como virtud, y del segundo, el sentido comunitario y la empatía.

El concepto de *ágape* ha sido estudiado durante mucho tiempo por la teología, especialmente la protestante, pero también por el feminismo. Se podría pensar que no hay dos campos de estudio que puedan ser más diferentes; en realidad, el interés del feminismo por el *ágape* surge de que en su acepción cristiana insiste en el autosacrificio y el cuidado de los demás, virtudes siempre asociadas al género femenino. En 2005 Joseph Ratzinger, en la encíclica *Deus Caritas Est*, que coloca en el centro el contraste entre *eros* y *ágape*, e intenta propiciar su reconciliación, propuso como más perfecto ejemplo de *ágape* a María, «mujer que ama»[14], que primero asume el ofrecimiento del arcángel Gabriel de concebir a Jesús, después acepta quedar al margen durante la obra de evangelización de su hijo y, finalmente acepta su muerte. El feminismo, desde sus orígenes, se ha ocupado de identificar y dar importancia a todas las tareas que se han confiado siempre a las mujeres, secularmente excluidas del trabajo productivo y asalariado: entre esas tareas, el papel primordial es el cuidado de la familia, en todos sus aspectos. Dentro de la amplia categoría denominada «trabajo reproductivo» encontramos la reproducción, la alimentación, la educación de los hijos, las labores domésticas, la compañía sexual, el cuidado de los ancianos, el consuelo afec-

---

[13] *Juan* 15:12-23 [trad. Nácar-Colunga, Madrid, BAC, trigésimo séptima edición, 1978, p. 1367].

[14] Benedicto XVI, *Lettera enciclica Deus caritas est del sommo pontefice Benedetto XVI ai vescovi, ai presbiteri e ai diaconi, alle persone consacrate e a tutti i fedeli laici sull'amore cristiano*, Ciudad del Vaticano, Libreria editrice vaticana, 2005, 41.

tivo. Esto es, tal y como decía Engels: «la primera división del trabajo» en el seno de la sociedad.

En algunas épocas históricas como la victoriana, la ideología dominante se nutría de la convicción de que las mujeres estaban destinadas a sostener el trabajo reproductivo, por obvias razones biológicas: no solo por la capacidad de gestar o por su menor fuerza física, que las hacía no aptas para los arduos empleos asalariados (especialmente en una economía basada en la industria pesada)[15], sino también por su natural predisposición al sacrificio y a la caridad, virtud teologal que se daba por sentada en las mujeres.

Por tanto, no es extraño que el feminismo, particularmente en Estados Unidos, donde las confesiones protestantes –desde siempre atentas al concepto de *ágape*, así como a otro concepto semejante, el de la gracia– están mucho más difundidas que en Europa, se haya interesado por este tema y sus repercusiones en la vida de muchas mujeres. Han sido sobre todo las orientaciones marxistas y socialistas las que lo han estudiado, y la razón es bastante evidente: sin el incesante y fundamental trabajo reproductivo realizado por las mujeres dentro de familias monógamas nunca nacería ni prosperaría la sociedad capitalista tal y como la conocemos. Muchas filósofas e historiadoras feministas han protestado vivamente contra Marx por no haber tenido en cuenta el factor de género en sus estudios sobre el nacimiento del capital. «El género», escribe la socióloga Silvia Federici, «no debería ser considerado una realidad puramente cultural, sino que debería ser tratado como una especificación de las relaciones de clase»[16].

---

[15] Como ocurre a menudo, el prejuicio no coincide con la realidad: mientras las mujeres burguesas quedaban exentas del trabajo asalariado, las proletarias estaban empleadas en numerosos sectores vitales para la economía, en especial el textil. Cfr. Edward Higgs y Amanda Wilkinson, «Women, Occupations and Work in the Victorian Censuses Revisited», *History Workshop Journal* 81 (2016), pp. 17-38.

[16] Silvia Federici, *Calibán y la bruja. Mujeres, cuerpo y acumulación primitiva*, trad. de V. Hendel y L. S. Touza, Madrid, Traficantes de Sueños, 2010, p. 27.

Pero nos interesa otro aspecto del análisis feminista del *ágape:* para muchas teóricas, a partir de la ya citada bell hooks, el amor *ágape* representa la única alternativa y el único dique frente al sistema capitalista y los ideales de dominación, individualismo y competencia que lo sustentan.

De todas las formas de amor identificadas por Lee, el *ágape* es la que tiene el potencial revolucionario del que hablábamos: reconocer el papel del amor en nuestra vida, convertirlo en una práctica política sabiendo que con toda probabilidad tendremos que chocar con el cinismo, la desilusión y la objetiva dificultad de cultivar el amor en nuestras vidas frenéticas y complicadas. Todo ello significa crearse un espacio para la resistencia personal, que también puede multiplicarse y propagarse al resto de la sociedad.

Ante la fealdad del mundo hay quien se refugia en el sexo y quien se parapeta en la soledad, o en la amistad. Hay otros que prefieren no correr riesgos y simplemente seguir las convenciones. Pero también están quienes toman una decisión radical: poner el amor en el centro de sus vidas y hacer que reverbere en la comunidad.

Este es el amor que guía a los personajes de Hemingway, el que hace que apartemos el egoísmo en favor de un bien mayor. Es lo que nos hace luchar, durante tres días y tres noches, contra un marlín.

CAPÍTULO II
El amor en tiempos de neoliberalismo

Y no seas cínico con el amor, porque a pesar de toda aridez y desilusión es tan perenne como la hierba.

Max Ehrmann, *Desiderata*, 1927

Hay dos enemigos del amor: la seguridad de la póliza del seguro y la comodidad del goce limitado.

Alain Badiou, *Elogio del amor*, 2013

La *cronofagia*, según la define Davide Mazzocco en el ensayo homónimo, es «la capacidad de alimentarse del tiempo de las masas, procediendo a una erosión progresiva del tiempo de inactividad, y por tanto, del tiempo no rentable»[1].

La tradicional división de la jornada en ocho horas de trabajo, ocho horas de tiempo libre y ocho horas de sueño se ha ido deteriorando progresivamente. El tiempo dedicado al trabajo, es decir, a la rentabilidad, ha carcomido primero nuestro tiempo libre y, ahora, según Mazzocco, ha conquistado la última frontera inexplorada por el capitalismo: el sueño.

De hecho, las horas de sueño se han reducido en todas partes del mundo y el imperativo de la productividad ha colonizado incluso las actividades realizadas durante el tiempo libre: en detrimento del cuidado de otros, de la ociosidad o del simple descanso, estamos cada vez más convencidos de que el tiempo que no se emplea en producir algo es tiempo desperdiciado. Incluso los pasatiempos específicos, que en su tiempo eran esa

---

[1] Davide Mazzocco, *Cronofagia. Come il capitalismo depreda il nostro tempo*, Roma, D-Editore, 2019, p. 171.

isla de felicidad del domingo o de las tardes, parecen ahora tener que transformarse en algo lucrativo si quieren tener alguna dignidad: se multiplican los sitios donde vender nuestras creaciones; el placer de leer se ha convertido en una carrera de reseñas en tu blog, en tu página de Instagram o en Goodreads; ver una serie de televisión, en lo que antes era un esperado evento semanal, es ya un gesto dictado por la performatividad, gracias al video bajo demanda y el *binge watching*. Incluso el ámbito íntimo y afectivo está condicionado por la cronofagia del capitalismo: a lo largo de la jornada el tiempo disponible para los afectos se va limitando cada vez más.

En el primer capítulo hemos visto cómo en el pasado las clases sociales de la nobleza y de la alta burguesía eran las únicas que tenían el privilegio de establecer relaciones amorosas, estrictamente extramatrimoniales, porque también eran las únicas clases que disponían del tiempo que requerían tales relaciones. Los pobres nunca han tenido tiempo para amar, y así sigue siendo hoy.

A finales del siglo xix, la jornada laboral era de doce o incluso dieciséis horas. El obrero se despertaba, pasaba la mayor parte de su tiempo en la fábrica y empleaba el resto para comer y dormir.

Como ya hemos dicho, el funcionamiento de este sistema, tanto a escala individual como global, fue posible gracias al trabajo silencioso y no reconocido de las mujeres, que no solo se ocupaban de la reproducción social real de nueva fuerza de trabajo, sino que estaban a cargo de todas las actividades domésticas y de cuidado familiar, desde los niños hasta los ancianos. Por lo tanto, el espacio para el amor era escaso, cuando no prácticamente inexistente; y tampoco tenía sentido que existiera, en una época en la que, después de todo, no se daba tanta importancia a la felicidad terrenal.

El trabajo de cuidado desarrollado por las mujeres no estaba necesariamente vinculado al afecto que sentían por sus seres queridos. De hecho, numerosas investigaciones nos dicen que en el pasado el apego afectivo a la prole era más bien infrecuente, y que en muchos casos faltaba un verdadero «sentimiento por la infancia», también a causa de las altas tasas de mortalidad. En definitiva, los padres evitaban encariñarse demasiado con sus hijos, porque no tenían mucho tiempo para cuidarlos y porque sus posibilidades de sobrevivir eran pocas[2].

En ciertos aspectos, bajo un contexto socioeconómico en el que se trabajaba a jornal, no había contratos y uno no podía permitirse el lujo de estar cansado y arriesgarse a perder el trabajo, el amor podía considerarse un impedimento para desarrollar la vida diaria y para la productividad.

Hoy, después de que aguerridas luchas sindicales nos hayan garantizado una jornada laboral de ocho horas, podríamos pensar que tenemos muchos más espacios de libertad a disposición para cultivar afectos y relaciones amorosas, pero sabemos que esto *es una ilusión*. Es más, los ritmos que dicta el trabajo son una de las principales causas de desavenencias y discusiones en las parejas. Y, de hecho, el capitalismo ha encontrado soluciones alternativas para sortear la reducción de la jornada laboral impuesta por ley: la intensificación de los ritmos de trabajo –que pone en riesgo la estabilidad psicológica– y la intrusión del trabajo en la vida privada. Según Davide Mazzocco, a esto se añade la autodisciplina, que los trabajadores se imponen a sí mismos en momentos de incertidumbre económica, por miedo a perder su empleo[3], combinada con la promesa de realización personal que plantea la ideología meritocrática del *self-made man*. La idea de que basta con «trabajar duro» para mejorar nuestra condición social, alcanzar posiciones de prestigio o enriquecerse, es una visión destinada al fracaso, pero no estamos dispuestos a renunciar a ella, aunque estemos poniendo en riesgo las relaciones con los demás.

De hecho, la paradoja es que, aunque haya aumentado el tiempo disponible para actividades no productivas en compara-

---

[2] Entrada titulada «Mortalità infantile» en la *Enciclopedia Italiana Treccani*, Roma, V Apéndice, 1993, *s. v.*

[3] Mazzocco, *Cronofagia*, cit., p. 490 ed. dig.

ción con el pasado, ahora se ha desencadenado un proceso irreversible de aceleración de todos los aspectos de nuestra vida.

En 1903, el sociólogo y filósofo alemán Georg Simmel, en su obra *Las grandes ciudades y la vida del espíritu*, reconocía la llegada de una «intensificación de la vida nerviosa, que proviene de una sucesión rápida e ininterrumpida de impresiones, tanto internas como externas», y consideraba que el desarrollo tecnológico de la modernidad era un enemigo de la serenidad humana[4].

Pero lo que ha acelerado el ritmo no ha sido solamente la tecnología: el deseo capitalista de ganancias y crecimiento depende necesariamente de la velocidad de la producción, de las transacciones económicas, de la circulación de información. El dinero nunca duerme. Y, así, el dominio de la aceleración se ha extendido a todos los aspectos de nuestra existencia, llegando incluso a su ámbito más íntimo.

> Sin embargo, dado que el principio determinante y selectivo en competición es el *logro*, el tiempo, y más aún, la lógica de la aceleración, están incorporados directamente al modo central de asignación en la modernidad[5],

escribe Hartmut Rosa en *Alienación y aceleración*. La alienación que ha traspasado los límites del trabajo y se ha apoderado de nuestras vidas tiene consecuencias muy graves en nuestra vida psíquica. Según el filósofo surcoreano Byung-Chul Han, el hombre se ha transformado en un animal «hiperactivo e hiperneurótico»[6] a partir del momento en que el imperativo de la productividad se filtró al nivel inconsciente, sin necesidad ya

---

[4] Georg Simmel, «Las grandes ciudades y la vida del espíritu» [1903], en *Roma, Florencia, Venecia*, trad. de Mathias Andlau y Héctor Manjárrez, Madrid, Casimiro Editorial, 2013, p. 40-41.

[5] Hartmut Rosa, *Alienación y aceleración*, trad. a cargo del CEIICH-UNAM, Buenos Aires, Katz, 2016, p. 45.

[6] Byung-Chul Han, *La società della stanchezza. Nuova edizione ampliata*, Milán, Nottetempo, 2020, p. 40.

de que nadie nos obligara a seguirlo. Ya no vivimos (al menos en parte) en una «sociedad disciplinaria» como la descrita por Michel Foucault, cuyo funcionamiento está garantizado por la vigilancia del individuo y la constante amenaza del internamiento, sino en lo que Han llama «sociedad del rendimiento», donde los ciudadanos ya no son «sujetos de obediencia», sino «sujetos de rendimiento»[7].

Todos nos hemos convertido en empresarios de nosotros mismos, introyectando el esquema del «poder hacer» y ya no el del «deber hacer»[8]: nuestras vidas se han transformado en proyectos de los que somos los únicos responsables, acaben bien o fracasen.

Desde una perspectiva similar, es muy fácil caer en la autoexplotación, que es aún más insidiosa, justamente porque se sostiene sobre un ilusorio sentido de libertad. Escribe Han:

> La sociedad de trabajo y rendimiento no es ninguna sociedad libre. Produce nuevas obligaciones. La dialéctica del amo y el esclavo no conduce finalmente a aquella sociedad en la que todo aquel que sea apto para el ocio es un ser libre, sino más bien a una sociedad de trabajo, en la que el amo mismo se ha convertido en esclavo del trabajo. En esta sociedad de obligación, cada cual lleva consigo su campo de trabajos forzados. Y lo particular de este último consiste en que allí se es prisionero y celador, víctima y verdugo, a la vez. Así, uno se explota a sí mismo, haciendo posible la explotación sin dominio[9].

Está claro el modo en que este orden de cosas juega un papel fundamental en nuestra capacidad de entender los sentimientos y el amor: el hurto de tiempo que comete el sistema capitalista es uno de los principales obstáculos para lograr un pleno y efectivo desarrollo del amor, y de hecho el propio Han

---

[7] *Ibid.*, p. 23.
[8] *Ibid.*, p. 25.
[9] *Ibid.*, pp. 42-43.

lo subraya en otro ensayo, *Psicopolítica:* «El sujeto neoliberal como empresario de sí mismo no es capaz de establecer con los otros relaciones que sean *libres de cualquier finalidad*»[10].

En todo caso, el primero en reconocer la interferencia del sistema económico contemporáneo con las cuestiones amorosas fue el filósofo alemán Herbert Marcuse, en el ensayo de 1955 *Eros y civilización.* Fue un texto fundamental para la contracultura de los años sesenta y setenta, y para la revolución sexual, y todavía hoy tiene algo que decirnos.

Para Sigmund Freud, lo que garantiza el funcionamiento de la sociedad es la suspensión del principio de placer que guía al hombre, en favor del principio de realidad. Para Marcuse, este sistema se reforzó aún más con la organización racional de la sociedad, promovida por el modelo capitalista, y que se basa en el llamado «principio de rendimiento». Según este principio, la adhesión a la idea de progreso, que se realiza en el «cumplimiento del deber propio» dentro de la sociedad, es el fin último de cada individuo: siguiendo este axioma permitimos que el trabajo adquiera un papel tan preponderante en nuestras vidas, creyendo no solo que trabajar garantiza nuestra subsistencia y la de nuestros seres queridos sino que tener un buen empleo significa tener un propósito, perseguir un objetivo, hacer algo bueno para la sociedad.

El único obstáculo que le quedaba al progreso, la libido, se ha desplazado deliberadamente, con el fin de crear las condiciones favorables para el avance económico y social, que debe colocarse como prioridad máxima de cada uno: el instinto sexual, según Marcuse, se ha subordinado a la función procreadora, mientras que todos los demás instintos son identificados y reprimidos como formas de perversión.

La idea según la cual solamente es necesario el sexo dirigido a la procreación ha sido durante siglos el principal argumento de la Iglesia católica contra la homosexualidad: puesto que el

---

[10] Byung-Chul Han, *Psicopolítica*, trad. de A. Bergés, Barcelona, Herder, 2015, p. 13.

sexo solo es aceptable si tiene como objetivo la concepción. Así, la sexualidad infértil es pecaminosa y perversa. Aunque hoy estas formas de pensar nos parezcan anticuadas, en realidad son más persistentes de lo que creemos: todavía juzgamos negativamente a una mujer que no tiene hijos, por ejemplo, o sospechamos que una persona que «no ha sentado la cabeza» a determinada edad es inmadura o tiene algo que ocultar.

Todo vuelve: la familia monógama y patriarcal que hemos descrito en el capítulo anterior se adecúa perfectamente a este modelo represivo. Eros, entendido aquí como instinto sexual y como sentimiento amoroso, queda excluido del proceso. Según Marcuse, la represión logró su objetivo precisamente con la división social del trabajo, que apuntaló la idea de que el principio de placer está separado del principio de rendimiento.

Esta creencia se vuelve tanto más peligrosa cuanto más la interioriza el sujeto, que se convence de que su propia represión es necesaria para el progreso de la sociedad: pensemos que históricamente la sexualidad femenina ha sido enjaulada y separada de toda posibilidad de placer, en favor de la preservación del gobierno patriarcal. Pero no solo eso:

> La fuerza total de la moral civilizada fue movilizada contra el uso del cuerpo como un mero objeto, medio e instrumento de placer; este uso fue convertido en tabú y permanece como el mal reputado privilegio de las prostitutas, los degenerados y los pervertidos[11].

El trabajo monótono, repetitivo y alienante reduce la energía de los instintos y la canaliza completamente hacia el tiempo libre y la esfera privada. Pero ¿qué sucede cuando el trabajo empieza a confundirse con el tiempo libre?

En los años cincuenta, Marcuse identificaba el resultado de esta invasión en los hábitos de consumo de la clase media: la

---

[11] Herbert Marcuse, *Eros y civilización*, trad. de Juan García Ponce, Madrid, Sarpe, 1983, p. 186.

cultura, la televisión, las vacaciones y el «ritual de las compras» son una forma de venta de nuestro tiempo libre, una mercancía como cualquier otra. De hecho, según Marcuse, producimos para consumir en un ciclo continuo de mercantilización.

Hoy el discurso es todavía más complejo. Pasamos la mayor parte de nuestro tiempo libre en internet o pegados a nuestro *smartphone*, donde introducimos de forma continua y gratuita un nuevo tipo de mercancía: nuestros datos personales, que las empresas utilizan para rastrearnos y clasificarnos como consumidores. Aquí se revela también la misma circularidad de la que hablaba el filósofo alemán, complicada por el hecho de que la mercantilización es más abstracta, y por tanto más difícil de identificar.

Este fenómeno ha sido denominado de diversas formas, aunque la más significativa sea el concepto de *corvée* digital: trabajamos gratis para Google, YouTube, Facebook y Netflix, con la promesa de diversión (principio de placer) en nuestro tiempo libre, que a su vez resulta hurtado por nuestro trabajo gratuito. Y así, sin siquiera darnos cuenta, nos hemos convertido en siervos de la gleba que no tienen tiempo para el amor.

El orden represivo ha creado así un conflicto entre las relaciones sociales y las privadas. La «vida fuera del hogar» está dominada por el valor de cambio y el principio de rendimiento, mientras que la «vida en la familia», en lugar de ser el espacio sagrado de nuestro desarrollo erótico y afectivo, se convierte en un lugar de represión moral. Sin embargo, hay una contradicción de fondo: el sistema obstaculiza una actividad que no genera beneficios, como el amor, pero esta actividad sigue siendo necesaria tanto para la serenidad del individuo (y por tanto para su eficacia en el puesto de trabajo) como para la continuidad efectiva del sistema.

Y aquí entra en juego *pragma*, una de las seis ideologías del amor de John Alan Lee. La de *pragma* es una ideología totalmente subordinada al principio de rendimiento, según el cual la satisfacción, cuando no la felicidad humana, depende del trabajo, y no tanto del trabajo que permite nuestro sustento, sino del excedente que determina el mantenimiento y el progreso del sistema. Es la adhesión a los valores dominantes, el saber que se es un miembro válido y productivo de la sociedad, y todo el trabajo libre que hacemos sin ni siquiera darnos cuenta. Por tanto, se trata del principio a través del cual contribuimos a alimentar la misma forma de dominación que nos somete. Y es por esto que la ideología práctica del amor nos empuja a establecer relaciones que sean funcionales y aceptables para ese dominio. Claramente supone una represión de nuestra capacidad de amar, porque todo lo que se considera inmoral, incorrecto o extraño es etiquetado como perversión.

Sin embargo, nos advierte Marcuse, si liberamos nuestro instinto bajo el principio de rendimiento, obtendremos una explosión de sexualidad reprimida, no una auténtica experiencia del amor. Convencidas de que las relaciones «aceptables» solo pueden existir dentro de ciertas convenciones sociales, como la heterosexualidad obligatoria[12], la adhesión a los roles de género, la dominación patriarcal y las instituciones del matrimonio y la familia, las personas desahogan su frustración mediante comportamientos tóxicos y dañinos, a menudo contra sus propios familiares. Ocurre ante nuestros ojos: traiciones, mentiras, violencia psicológica y a veces física, relaciones disfuncionales. Todas son el resultado de la incapacidad de vivir plenamente la libertad amorosa.

Según bell hooks, las mentiras en las relaciones son consecuencia de una cultura absolutoria respecto a los sentimientos, que nos aleja de las que efectivamente son nuestras responsabilidades[13]: al convencernos de que el amor es algo incontrolable, no estamos dispuestos a aceptar las consecuencias negativas que nuestras acciones tienen en los demás.

---

[12] Fue la filósofa feminista Adrienne Rich quien elaboró la definición de «heterosexualidad obligatoria» *(compulsory heterosexuality)*, en su artículo «Compulsory Heterosexuality and Lesbian Existence», que se publicó por vez primera en *Signs: Journal of Women in Culture and Society* 5, 4 (1980), pp. 631-660.

[13] hooks, *Todo sobre el amor*, cit., pp. 59-60.

Al mismo tiempo, la sociedad nos obliga a negar y a asfixiar nuestros sentimientos reales, exigencia dirigida especialmente a los hombres, para quienes cualquier expresión de emoción y vulnerabilidad se ve como una forma de debilidad. Incapaces de conectar con los demás y aceptar el compromiso que conlleva el amor, preferimos la indiferencia. Pero la liberación del amor debería ocurrir en el polo opuesto al rendimiento, la productividad y la utilidad social.

Debemos estar de acuerdo con Erich Fromm cuando dice que el amor es una «actividad, no un afecto pasivo [...], amor es fundamentalmente *dar*, no recibir»[14]. Esta afirmación tiene un corolario fundamental: amar es exigente, arduo, agotador. Requiere mucha energía, que la sociedad en la que vivimos solo permite canalizar hacia la actividad productiva.

Olvidamos, sin embargo, que la actividad amorosa también es una actividad productiva o, según la crítica feminista, reproductiva. Fromm nos recuerda que «el amor es un poder que produce amor»[15], retomando un pasaje de Karl Marx:

> Si amamos sin producir amor, es decir, si nuestro amor como tal no produce amor, si por medio de una *expresión de vida* como personas que amamos, no nos convertimos en *personas amadas*, entonces nuestro amor es impotente, es una desgracia[16].

Quién sabe si Marx se dio cuenta o no, pero está repitiendo la regla de oro del *Levítico:* «Amarás a tu prójimo como a ti mismo». Obviamente no se refiere simplemente al amor no correspondido, sino que subraya la dimensión generadora del amor.

Es interesante cómo una de las raras referencias de Marx al amor llega al final del capítulo sobre el dinero en los *Manus-*

---

[14] Fromm, *El arte de amar*, cit., p. 35.
[15] *Ibid.*, p. 38.
[16] Karl Marx, «Nationalökonomie und Philosophie» [1844], cit. en Fromm, *op. cit.*, p. 38.

critos económico-filosóficos de 1844. Después de haber descrito el dinero como «la inversión general de las individualidades»[17], capaz de transformar «la fidelidad en infidelidad, el amor en odio, el odio en amor, la virtud en vicio, el vicio en virtud, el siervo en amo, la estupidez en inteligencia y inteligencia en estupidez»[18], Marx afirma que si se presupone «que el hombre es hombre y que su relación con el mundo es una relación humana, [e]ntonces el amor solo puede intercambiarse por amor»[19]. Si vivimos retrayéndonos del amor a los demás, no podemos pretender que se nos ame, y viceversa. Negando la dimensión activa del amor, cometemos el error de creer que baste con encontrar un *objeto* al que amar para estar plenamente satisfechos. El amor es real solo si es capaz de multiplicarse gracias al esfuerzo y la dedicación de cada uno de nosotros, para transferirse de la persona amada al mundo entero.

Como cualquier otro trabajo de cuidados, el trabajo (re)productivo del amor no se valoriza, sino que es *relegado* a una especie de limbo: su necesidad es universalmente reconocida, pero la forma en que hemos organizado la sociedad nos impide expresarlo, principalmente privándonos de tiempo para hacerlo. La teoría feminista de la reproducción social se ha ocupado de este tema de forma muy interesante.

En el ensayo *Marxism and the Oppression of Women*[20], de 1983, que forma parte del amplio debate sobre el salario para las amas de casa[21], Lise Vogel intentó reconciliar la teoría del valor de

---

[17] Karl Marx, «[El dinero] [XLI]», en *Manuscritos económico-filosóficos* [1844], incluido en Erich Fromm, *Marx y su concepto del hombre*, trad. de Julieta Campos, Ciudad de México, FCE, 1962, p. 174.

[18] *Ibid.*

[19] Karl Marx, «[El dinero] [XLI]», cit., p. 175.

[20] Lise Vogel, *Marxism and the Oppression of Women* [1983], Boston, Brill, 2013.

[21] Un paso decisivo en este debate fue la publicación del ensayo de Mariarosa Dalla Costa *Potere femminile e sovversione sociale*, aparecido en italiano (Venecia, Marsilio, 1972) y en inglés (*Women and the Subversion of the Community*, Bristol, Falling Wall Press, 1973) en 1972. Este fue uno de los primeros textos que colocaban el trabajo doméstico como

Marx con la cuestión femenina. El capitalismo divide nuestras vidas en dos esferas: la pública, dedicada al trabajo productivo, a la circulación y consumo de mercancías; y la privada, dedicada al trabajo reproductivo, que *es necesario para la subsistencia del trabajo productivo*. Según Vogel, el trabajo reproductivo también produce plusvalía[22], no en un sentido absoluto, sino relativo: para aumentar las ganancias, el empleador aumenta las horas de trabajo en detrimento del tiempo necesario para la supervivencia y la reproducción[23], incluyendo también –añadimos esto nosotras– el tiempo necesario para el amor.

Ningún empleador puede aumentar la jornada de trabajo a su antojo, superando los límites impuestos por los contratos de trabajo, pero el aumento de la plusvalía absoluta también se consigue en el tiempo dedicado al descanso, al entretenimiento y finalmente a los afectos, transformándonos en empresarios de nosotros mismos, neuróticos y obsesionados con la autodisciplina, o en digitales e inconscientes siervos de la gleba.

Aunque el amor sea una parte tan crucial en nuestras vidas, todavía estamos lejos de resolver lo que a todos los efectos es un problema social: ¿cómo podemos amar si pasamos la mayor parte de nuestra jornada encerrados en una oficina? ¿Cómo amar, si el trabajo invade nuestra vida privada hasta el punto

---

equivalente al trabajo asalariado. Hay una nueva edición: Mariarosa Dalla Costa, *Donne e sovversione sociale*, Verona, ombre corte, 2021 [ed. cast.: Mariarosa dalla Costa y Selma James, *El poder de la mujer y la subversión de la comunidad*, trad. de Isabel Vericat, Mexico D. F., Siglo XXI, 1975].

[22] En el feminismo marxista hay un disputado debate sobre la concepción de Marx respecto del trabajo reproductivo. Según la interpretación «clásica» de Rosa Luxemburg solamente es productivo el trabajo que permite que el capitalista se apropie del plusvalor. Sin embargo, Silvia Federici, entre las más autorizadas investigadoras de la obra de Marx, sostiene que el trabajo doméstico también produce plusvalor, y reprocha a Marx haber subestimado la cuestión. Lise Vogel es más indulgente respecto a Marx: según ella, Marx cree que el trabajo doméstico es trabajo productivo (forma parte del trabajo necesario), pero que no obstante escapa al control del capitalista.

[23] Vogel, *Marxism and the Oppression of Women*, cit., p. 161.

de dictarnos las condiciones en las que vivirla? ¿Cómo amar, si cimentamos nuestra vida en función del salario y no de los sentimientos? Es significativo que las primeras en abordar este problema fueran las mujeres trabajadoras, exigiendo que se legislara sobre la conciliación entre trabajo y vida privada. Estas medidas, adoptadas en muchas democracias modernas, son el resultado de largas luchas sindicales, y con ellas se ha reconocido la necesidad de ausentarse del trabajo para realizar o recibir cuidados. Las principales destinatarias de la conciliación son las madres: solo en unos pocos estados europeos existen permisos de paternidad, y casi ninguno tiene la misma extensión que aquellos previstos para las madres[24].

Las enormes limitaciones de este tipo de políticas son evidentes: en primer lugar, presuponen que el trabajo reproductivo y de cuidados es solo una cuestión femenina; además no tienen en cuenta las necesidades de las personas cuyas relaciones difieren de la familia institucionalizada. Nos dimos cuenta de ello cuando, en el momento en que entramos en la fase 2 de la pandemia de Coronavirus, el decreto del presidente del Consejo de Ministros solo permitía visitar a los llamados «parientes» *[congiunti]*. Esta expresión tan burocrática y estrecha, basada en la jurisprudencia familiar y ciertamente no acorde a los tiempos, ha demostrado claramente hasta qué punto la familia monógama tradicional, basada en la unión de un hombre y una mujer legalmente casada y con hijos, es la única que cuenta. Por lo demás, como nos ha enseñado la larga batalla por el matrimonio igualitario, aún vivimos en un país en el que esta institución tiene una relevancia indiscutible.

De este modo, no es una sorpresa que ante el amor muchos opten por adherirse a una ideología pragmática. Ya no se trata del simple amor mercantilizado de Fromm, en el que el ser

---

[24] En Italia el «*Congedo papà*» se introdujo en 2012 con la reforma Fornero, que instauró un permiso obligatorio para el padre, con el 100% de la retribución, con una duración de dos a diez días, y que hay que utilizar en los primeros cinco meses de vida del hijo.

amado se transformaba en producto a la venta. Por usar un término más contemporáneo, nuestra forma de amar es el *storytelling* de la vida perfecta y sin riesgos, que bajo ninguna circunstancia debe chocar con el sistema.

Como escribía Guy Debord en *La sociedad del espectáculo* (1967), si al principio la realización humana se degradó del «ser» al «tener», se produjo después un segundo deslizamiento, del «tener» al «parecer»[25]. En una sociedad como la nuestra, con su culto a la lógica y la productividad, vivir según lo que nos dicte el corazón se considera una actividad descabellada y totalmente disfuncional. Por eso hacemos todo lo posible por reprimir nuestros sentimientos y seguir una narración prefabricada que no nos haga descarrilar.

Fromm afirma que el objetivo principal del amor se ha convertido ahora en «encontrar un refugio de la sensación de soledad que, de otro modo, sería intolerable»[26]. El sistema capitalista, en efecto, recompensa el individualismo, la eficiencia del aislamiento y la libertad del individuo, en detrimento de los beneficios para la comunidad; y al mismo tiempo incita a la conformidad y subraya la importancia de pertenecer a un grupo. De hecho, vivimos en un estado de conflicto permanente.

Si amar, como dice Jean-Paul Sartre, significa «identificarse con la libertad ajena»[27], la estructura jerárquica y autoritaria de la sociedad, incluso en las denominadas democracias liberales, no permite que el amor exprese esta naturaleza suya. ¿Cómo puede realizarse la libertad plena en una realidad fuertemente normativa como la nuestra?

La aspiración a encontrar libertad para uno mismo, pero también la aspiración a reconocerse en la libertad de los demás, parece imposible. El principio de rendimiento ha logrado dis-

---

[25] Guy Debord, *La sociedad del espectáculo*, trad. de Fernando Casado, Madrid, Castellote, 1976, p. 10.

[26] Fromm, *op. cit.*, p. 106.

[27] Jean-Paul Sartre, *El ser y la nada* [1943], trad. de Juan Valmar, Buenos Aires, Losada, 2021, p. 500.

traernos perfectamente de nuestra represión, a menudo reemplazando al amor como principio rector. De esta forma, las personas creen que el amor es superfluo, por ejemplo, con respecto a su carrera, al dinero o al éxito. Y la victoria definitiva del principio de rendimiento no solo se demuestra por la omnipresencia de la represión, sino también por el cinismo que mostramos hacia el amor.

Tras relegar este sentimiento a la categoría de aspiraciones inalcanzables, hemos empezado a contemplarlo con odio. Ante una realidad dominada por el conflicto y las divisiones, se nos invita a «despertar» de la promesa del amor. No es infrecuente dar con discursos «anti-amor» que presentan la misma retórica que las teorías de la conspiración: esta retórica se basa en una polarización entre un «nosotros», antagonistas de los poderes establecidos, y un «vosotros», subyugados y ciegos ante sus oscuras intrigas; todo desde la convicción de que un restringido círculo de individuos incómodos enfrentados al pensamiento dominante de alguna manera ha encontrado la clave para escapar al engaño. Estas personas, que se consideran portadoras de un mensaje revelado, comienzan a hacer proselitismo para despertar las conciencias de los demás, atrapadas en una especie de sueño de la razón.

Son muy comunes los discursos sobre el amor con la misma estructura retórica: el amor es una ilusión para los débiles y los estúpidos que se dejan manipular, y hace falta tomar conciencia de las mentiras que nos cuentan sobre el amor, para acceder a un nivel superior de conciencia.

Quien sostiene un discurso de este tipo a menudo parte de una fuerte desconfianza hacia el ser humano, y también de un sentido de superioridad moral. La distinción entre nosotros, liberados de la ilusión del amor, y vosotros, adoctrinados por su propaganda, tiene una fuerte connotación política que se podría remontar a una especie de cinismo social, a una visión negativa de la naturaleza humana y a una desconfianza hacia las instituciones, a menudo provocadas por la falta de correspondencia entre la realidad y su narración.

El pensamiento cínico hunde sus raíces en las teorías de Maquiavelo y Hobbes, aparte, obviamente, de la llamada «escuela cínica», fundada en Atenas por el filósofo Antístenes y su seguidor Diógenes de Sinope, en el siglo V a.C. Como hemos dicho, quien afronta el amor también afronta la dificultad objetiva de conciliar la libertad y el compromiso que requiere el amor, en un sistema socioeconómico que fomenta un estilo de vida individualista y autosuficiente, cuando no totalmente cruel con los demás. El cinismo –combinado con la extendida, falsificada y edulcorada narrativa del amor– *es* el obvio resultado de esta contradicción.

Dado que la actitud cínica es el resultado de una falta de correspondencia entre expectativa y realidad, una vez superado el idealismo de la adolescencia en el que la promesa del amor todavía parece realizable, la mayoría de las personas se dan cuenta de que una trascendencia tan duradera como la que genera la pureza del amor está en un claro contraste con la vida práctica. Los cuentos de hadas, como nos enseña el final de *Pretty Woman*, solo existen en Hollywood.

En la primera parte de *Todo sobre el amor*, bell hooks se centra precisamente en este sentimiento generalizado, acuñando un término muy interesante para describirlo: *desamor cultural [cultural brokenheartedness]*. Es como si nuestra sociedad pensara como un amante con el corazón roto: desdeña los sentimientos y es alérgico a todo lo que tiene que ver con ellos. Nos vence el miedo colectivo al amor; nos aterroriza la idea de que los vínculos entre personas puedan tener más valor que el progreso, el avance económico y material, y nuestra afirmación como individuos.

Amar significaría perder el control, escapar al principio de rendimiento, cambiar las reglas del juego. Lo que tememos es la idea de cambio; respecto a nosotros mismos, antes incluso que para la sociedad, y por eso encontramos consuelo en este tipo de contranarrativa del amor.

Los académicos a menudo han catalogado las teorías de la conspiración como formas de simplificación popular de una realidad demasiado compleja para ser comprendida. Nada más cierto respecto del amor: en lugar de aceptar su potencial revolucionario y cuestionar el mundo que hemos construido, preferimos negarlo, incluso como mera posibilidad.

Afirmar que el amor verdadero es imposible de alcanzar, o peor aún, algo en lo que solo pueden seguir creyendo los ilusos, es sin embargo funcional a la idea de que el sistema no puede cambiar, a la idea de que nuestros valores son inmutables y que la única ética posible es la ausencia de ética del capitalismo. Es un razonamiento muy similar al de quienes justifican las teorías racistas, sexistas y homófobas: el mundo siempre ha sido así y no hay por qué cambiarlo, con mayor razón si tenemos que abandonar el *statu quo* para aventurarnos en lo desconocido.

Sin embargo, como hemos dicho, el amor no es algo irracional e incontrolable, sino una acción que se lleva a cabo de forma voluntaria, además de ser nuestra naturaleza. Fromm escribe sobre esto al final de *El arte de amar*:

> La sociedad debe organizarse en tal forma que la naturaleza social y amorosa del hombre no esté separada de su existencia social, sino que se una a ella. Si es verdad, como he tratado de demostrar, que el amor es la única respuesta satisfactoria al problema de la existencia humana, entonces toda sociedad que excluya, relativamente, el desarrollo del amor, a la larga perece a causa de su propia contradicción con las necesidades básicas de la naturaleza del hombre. Hablar del amor no es «predicar», por la sencilla razón de que significa hablar de la necesidad fundamental y real de todo ser humano. Que esa necesidad haya sido oscurecida no significa que no exista. Analizar la naturaleza del amor es descubrir su ausencia general en el presente y criticar las condiciones sociales responsables de esa ausencia. Tener fe en la posibilidad del amor como un fenómeno social y no solo excepcional e individual, es tener una fe racional basada en la comprensión de la naturaleza misma del hombre[28].

---

[28] Fromm, *op. cit.*, p. 155.

El cinismo respecto al amor, por tanto, esconde un cinismo ante la sociedad, que continuamente niega la naturaleza del amor y aniquila toda otra expectativa nuestra de mejora social. Nos sentimos engañados por la promesa de una realización afectiva, del mismo modo que nos sentimos engañados por los políticos o los bancos.

Un estudio realizado por tres psicólogos polacos sobre aquellos de sus conciudadanos que vivieron en la época de la Unión Soviética ha encontrado una conexión interesante entre el cinismo social y la ideología del amor *pragma*. En concreto, identificó la causa del cinismo social en el engaño de la discrepancia entre realidad y propaganda, que empujaría a uno a comportarse de manera pragmática también en el régimen de los sentimientos[29].

Traicionados por la narrativa política, nos desilusionamos cada vez más con el amor, eligiendo relaciones cómodas, o la soledad, para no caer en otras mentiras.

Los resultados del estudio no deberían parecernos extraños: la narrativa del amor, tanto la edulcorada como la de los cínicos «profetas de la desventura», como los llama bell hooks, puede compararse a todos los efectos con una forma de propaganda. Los profetas cínicos dicen que es mejor estar solo que mal acompañado, una creencia muy extendida en nuestra sociedad, donde la desconfianza hacia el prójimo es la que dirige las relaciones sociales, y no por casualidad.

Si hoy en día todos damos por sentado que es mejor no confiar en los demás, debe haber una razón precisa para ello, y una planificación política acorde. En el pasado, la comunidad era sinónimo de supervivencia, mientras que hoy el sentido de pertenencia a un grupo cohesionado y unido frente a la adversidad se ha perdido casi por completo, desmoronándose poco a poco en una sociedad cada vez más fragmentada.

---

[29] Paweł Boski, Monika Biłas-Henne y Joanna Więckowska, «Cynicism in Love and in Politics», en Kwok Leung y Michael Harris Bond (eds.), *Psychological Aspects of Social Axioms*, Nueva York, Springer, 2009.

La autosuficiencia es uno de los pilares de la ideología neoliberal, que cree en la autorregulación del mercado y en la búsqueda de los intereses individuales. Para sostenerse, el sistema necesita insistir en la libertad individual como valor absoluto: este ideal, que imagina al individuo libre de cualquier restricción y que solo responde ante sí mismo, es lo que impulsa la competencia necesaria para el funcionamiento del sistema.

Es decir, una libertad muy diferente de la que hablaba Sartre al colocarla como fundamento de la esencia humana; o incluso diferente de la libertad de la que hablaba Marx, esto es, una realización colectiva que es posible solo dentro de una comunidad. Aquí no hay espacio para los demás; no hay tiempo para amar, y ni siquiera hay un motivo para hacerlo.

El panorama que hemos esbozado hasta ahora explica el éxito de la ideología *pragma*. Permanecer soltero por elección es una forma pragmática de amor, hacia uno mismo y hacia los demás, a los que se les niega; lo mismo que preferir un matrimonio infeliz a una aventura arrolladora pero incompatible con los valores de la sociedad.

Quien tiene la suerte de encontrar una persona con la que construir una relación duradera y válida suelen preferir que la esfera pública y la privada queden tan separadas como sea posible. Es un deseo legítimo y comprensible, pero una vez más la elección responde a la lógica de *pragma*, porque como nos demuestra la teoría de la reproducción social, la rígida división entre lo público y lo privado es solo una ilusión.

Si no podemos escapar de la intrusión del trabajo en nuestro tiempo libre dedicado al amor, al menos deberíamos equiparnos para responder en consecuencia. No se trata de entregar a todos las llaves de nuestra casa o nuestra cama, sino de aceptar la fuerza del amor como una condición capaz de cambiar todos los aspectos de nuestra vida, y no solamente la privada. Significa llevar el amor con nosotros a todas partes; dejar que esa fuerza generadora y multiplicadora, de la que nos hablan tanto la Biblia como Marx, se convierta en un punto de partida y no en un punto de llegada.

CAPÍTULO III
El dominio simbólico del amor

El libro del amor es largo y aburrido
Nadie puede levantar ese maldito ladrillo
Está lleno de gráficos y hechos y cifras
E instrucciones para bailar
Pero a mí
me encanta cuando me lo lees
Y tú
tú puedes leerme lo que sea

The Magnetic Fields, *The Book of Love*

El crítico literario Philip Young dedicó su vida a estudiar a Ernest Hemingway, estableciendo un paradigma imprescindible para cualquier lector que quiera analizar sus novelas. El ensayo *Ernest Hemingway: A Reconsideration*, publicado en 1966, cinco años después de la muerte del escritor, es una precisa disertación psicoanalítica sobre la obra del premio Nobel, que aún sigue siendo interesante y que el crítico reeditó para actualizar un ensayo anterior, reevaluándolo a la luz del suicidio de Hemingway.

Aquí Young elabora la «teoría de la herida», según la cual todos los protagonistas de las novelas de Hemingway en realidad serían el mismo personaje, caracterizado por una herida, que en cada novela está situada en una zona diferente del cuerpo: Jake Barnes en *Fiesta* sufre una herida en el pene, Frederic Henry en *Adiós a las armas* es herido en la pierna, en *Al otro lado del río y entre los árboles* hieren gravemente a Richard Cantwell en la mano, y así sucesivamente.

La herida es una imagen recurrente, porque el propio Hemingway sufrió una en la pierna derecha en 1918, tras ser alcanzado por una granada mientras distribuía chocolate a los soldados italianos como voluntario de la Cruz Roja americana en el frente de Fossalta.

El escritor –que fue condecorado con la medalla de plata al valor militar por haber rescatado a un compañero, arriesgando su vida– quedó marcado por el acontecimiento, hasta el punto de que en los años siguientes su obra y su concepción de la muerte se vieron condicionadas por esa laceración.

La herida también tiene un significado psicoanalítico, ya que es un símbolo de un trauma no resuelto e irresoluble, un trauma que muchos biógrafos remiten a la humillación del pequeño Ernest, obligado por su madre a vestirse como una niña.

Además de este rasgo en común, todos los personajes típicos de Hemingway se comportan según lo que Young rebautizó como el «código del héroe», definido como

una gracia bajo presión […] que procede de los controles sobre el honor y el coraje, que en una vida de tensión y dolor hacen del hombre un hombre y lo distinguen de quienes ceden a impulsos aleatorios, se dejan llevar y se confunden, tal vez por cobardía, y carecen de reglas inviolables sobre cómo vivir resistiendo[1].

Pero más aún que el código del héroe, lo que se repite obsesivamente es el tema del amor. Tengo buenas razones para creer que Hemingway es el mejor escritor sobre el amor de todos los tiempos, aunque esta etiqueta pueda extrañar a la mayoría, o les evoque *best-sellers* sentimentales. Y ni siquiera es uno de esos casos en los que el amor que se narra es un pretexto para abordar temas considerados más importantes. Por el contrario, Hemingway dedica mucha atención a insertar el elemento romántico en el centro de cada desarrollo narrativo: la historia de amor entre Frederic Henry y Catherine Barkley es la que sustenta la trama de *Adiós a las armas*; *Por quién doblan*

---

[1] Philip P. Young, *Ernest Hemingway*, Londres, Bell and Sons, 1952, p. 36.

las campanas no tendría sentido sin María; *El viejo y el mar* es también una historia de amor a su manera, porque solo el amor por la vida y el mar puede justificar el tesón con el que Santiago se empeña en arrastrar el marlín hasta la orilla. Y con todo, a nadie se le ocurriría hablar de Hemingway principalmente como un narrador de sentimientos, porque, aunque haya pasado de moda, sigue siendo el gran narrador de la caza y de la guerra; y ese código del héroe del que habla Philip Young es el elemento por el cual sus libros todavía son recordados y celebrados hoy.

También Francis Scott Fitzgerald, amigo y contemporáneo de Hemingway, escribió en gran parte libros de amor; pero, a pesar de ser considerado uno de los autores estadounidenses más importantes de todos los tiempos, rara vez se destaca este aspecto de su obra.

Lo antes comentado sobre Hemingway y Fitzgerald vale para gran parte de la literatura europea y americana, aunque haya cierta renuencia a reconocer que las obras más importantes de la cultura occidental tienen el amor en el centro.

Sacad a Beatriz de la *Commedia*, Helena de la *Ilíada*, Heathcliff de *Cumbres borrascosas*, Emma Bovary de *Madame Bovary*, o a Jesús del *Evangelio*: quedaría muy poco. Sin embargo, nunca pensamos en nuestra cultura como una gran narración colectiva sobre el amor.

Al elaborar listas de «las mejores novelas de todos los tiempos» o «los 100 libros que deberías leer en tu vida», el criterio que se adopta es siempre un cierto existencialismo: los libros sirven para darnos respuestas a las grandes preguntas o, en todo caso, para mostrar que no hay respuestas a las grandes preguntas. Pero rara vez se señala que casi todas las obras en esas listas son libros que hablan del amor, como si admitirlo significara rebajar no tanto su calidad literaria, como la misma capacidad especulativa del ser humano.

Todavía hoy, las novelas de amor se contemplan con desdén y desprecio, relegadas a los estantes «rosados» de las librerías, ignoradas por la crítica y excluidas de los cánones literarios, o se dice que hablan de otra cosa, como en el caso de Hemingway.

El tema amoroso, cuando existe, debe siempre ocultarse o justificarse de alguna manera: casi parece que si el amor no se convierte en símbolo de algo que lo trasciende, entonces la novela en cuestión se puede tirar a la basura.

Incluso esas pocas escritoras que se salvaron del prejuicio amoroso y pudieron acceder a la categoría de alta literatura –como Jane Austen o las hermanas Brontë– atravesaron un largo proceso de reevaluación que valoró sus cualidades literarias más allá de sus temas. Pese a ello, aún hoy es raro encontrar a hombres que hayan leído *Jane Eyre*, *Orgullo y prejuicio* o *Emma* si no ha sido durante su escolarización obligatoria.

El ejemplo de la literatura italiana antigua debería bastar para demostrar la importancia que ha tenido y sigue teniendo el tema del amor en nuestra cultura.

Las primeras obras en lengua *volgare* de las que tenemos evidencia se remiten a la concepción filosófica del amor cortés, «una pasión» por la cual «una persona desea por encima de todo gozar de los largos abrazos del otro, y querer conjuntamente hacer todas las cosas bajo el mandato del amor»[2]. Así escribía Andrea Cappellano en *De amore*, en la segunda mitad del siglo XII.

Nacido en las cortes provenzales en lengua *d'oc*, el amor cortés se extendió luego al resto de Francia y llegó también a Italia, a la corte de Federico II de Suabia. Aquí, la llamada Escuela Siciliana reunió a los principales intelectuales de la época, consolidándose como una de las más influyentes tradiciones lingüístico-literarias.

Desde Sicilia, las canciones de amor cortés llegaron a Toscana, donde se reelaboraron según el *dolce stil novo*, corriente poética iniciada en la segunda mitad del siglo XIII por Guido Guinizzelli y que fue rebautizada con ese nombre por Dante

---

[2] Giulio Ferroni, *Storia e testi della letteratura italiana dalle origini al 1300*, Milán, Mondadori, 2012, pp. 78-82.

Alighieri en la *Divina Commedia*. En definitiva, toda nuestra literatura tiene su origen en el discurso del amor.

Y así fue durante siglos: desde la *Chanson de Roland*, pasando por las obras de Shakespeare, hasta las primeras novelas modernas, como *Don Quijote* y *Moll Flanders*, la omnipresencia del tema amoroso era casi un hecho natural de la literatura: el amor era un tema digno e importante, equiparable, cuando no superior, a muchos otros.

Entonces se produjo una especie de fractura. Podemos identificar con precisión el momento en el que, colectivamente, cambiamos de opinión respecto al amor. Y es interesante observar que esto sucede cuando, gracias a una cada vez mayor tasa de alfabetización, las mujeres comenzaron a leer en masa. En la Francia revolucionaria, el 30% de las mujeres sabía leer. En Gran Bretaña, hasta el 55%[3]. Los historiadores manejan la hipótesis de que se puede tratar de cifras calculadas a la baja. De hecho, no era infrecuente que a las mujeres se les enseñara a leer, pero no a escribir (era importante que pudieran consultar la Biblia, especialmente en los países protestantes); a pesar de todo, las estadísticas de alfabetización de la época solamente tenían en cuenta a quienes habían adquirido las dos competencias, por lo que a muchas no se las consideraba alfabetizadas, a pesar de que supieran leer perfectamente.

La difusión de la lectura, combinada con los precios cada vez más accesibles de los libros y el nacimiento de un mercado editorial moderno dio origen en el siglo XIX a la novela de masas, que inmediatamente se orientó siguiendo los gustos de ese gran público, especialmente mujeres, que apreciaba especialmente las historias de amor. Escribe Martyn Lyons en su *Historia de la lectura y de la escritura en el mundo occidental*:

> La feminización de la lectura de novelas parecía confirmar los prejuicios dominantes sobre el papel y la inteligencia de las mu-

---

[3] Guglielmo Cavallo y Roger Chartier (eds.), *Storia della lettura nel mondo occidentale*, Roma-Bari, Laterza, 1995, p. 371.

jeres. Las novelas se consideraban aptas para las mujeres, ya que eran vistas como criaturas de la imaginación, de capacidad intelectual limitada, frívolas y emotivas. La novela era la antítesis de la literatura práctica e instructiva. Tenía pocas pretensiones y su único propósito era entretener a los lectores, que tenían tiempo disponible. Por encima de todo, la novela pertenecía al reino de la imaginación. Los periódicos, que informaban sobre acontecimientos públicos, eran en su mayoría dominio exclusivo de los hombres; las novelas, que retrataban la vida íntima, formaban parte de esa esfera privada a la que estaban relegadas las mujeres burguesas del siglo xix[4].

Comenzó así a perfilarse un prejuicio que consideraba las lecturas de mujeres como literatura menor, separada de la literatura reservada a los hombres, que en cambio tenía un carácter universal. Con las lectoras también nacieron las novelas dedicadas a ellas, siempre dentro de una actividad editorial muy atenta a las demandas del mercado: la denominada literatura rosa, etiqueta que en realidad solo se utiliza en Italia, sin más motivos aparte de que el rosa es un color de mujeres.

Pamela, o la virtud recompensada, de Samuel Richardson (1740), está considerada la primera novela rosa de la historia de la literatura, ya que se pensó específicamente para un público de mujeres[5]. La historia que se narra, obviamente, es moralista y pedagógica: Pamela es una bellísima joven que trabaja como criada en la casa del señor B., un hombre que hace todo lo posible para seducirla, llegando incluso a intentar violarla. Pamela, pobre en patrimonio, pero no de espíritu, resiste tenazmente, pero pronto se enamora del señor B., quien entretanto ha resultado ser un caballero. Al final de la novela, la virtud de Pamela, como sugiere el título, se ve recompensada con el matrimonio. La novela tuvo un éxito extraordinario y

---

[4] *Ibid.*, pp. 378-379.
[5] Patrizia Violi, *Breve storia della letteratura rosa*, Perugia, Graphe.it, 2020, p. 92 de la ed. dig.

el esquema de la trama argumental –la pobre y hermosa muchacha que se eleva por encima de su condición gracias a la virtud, y después encuentra el amor– se repitió de forma casi idéntica en las más de doscientas novelas del género escritas en los cuarenta años posteriores, también por parte de numerosas escritoras[6]. Se trataba, además, de un esquema ya conocido: la trama es muy similar al cuento de Cenicienta, una historia muy antigua que, como hemos visto con *Pretty Woman*, todavía fascina hoy.

Gracias a la literatura femenina y a otras historias con final feliz, las mujeres podían encontrar una garantía moral sobre el matrimonio: las uniones de sus heroínas no solo eran siempre virtuosas, sino también felices. El matrimonio se presentaba como una forma de realización privada, social y personal, con la que toda niña tenía derecho a soñar. Desde luego, no todas las protagonistas tenían acceso a esa eterna felicidad: las que no se portaban bien generalmente acababan muy mal, como la *Lady Roxana* de Daniel Defoe, que tras una vida de cortesana acaba muriendo en la pobreza.

Muy pronto el género sentimental atrajo ironías y críticas feroces, precisamente por su carácter exquisitamente femenino, y por eso mismo, según el prejuicio persistente, se consideraba de baja calidad.

El escritor inglés Henry Fielding parodió en 1741 las aventuras de Pamela con las de Shamela, mientras que ese mismo año Eliza Haywood escribió una novela con el inequívoco título de *The Anti-Pamela*.

El juicio de la crítica sobre la literatura rosa empeoró más aún cuando las mujeres comenzaron también a escribir novelas: a menudo tuvieron que contentarse con hacerlo bajo pseudónimos masculinos, como Amantine Lucile Aurore Dupin (George Sand), Mary Ann Evans (George Eliot) o Charlotte, Emily y Anne Brontë al inicio de sus carreras (Currer, Ellis y Acton Bell, respectivamente), y eso siempre que sus maridos

---

6 *Ibid.*, p. 111 de la ed. dig.

no les robaran las ideas, como le ocurrió a Colette. La extendida práctica del *nom de plume* masculino se debía a la dificultad de encontrar un editor dispuesto a publicar la obra de una mujer, y también a que, según dejó escrito Charlotte Brontë, acaso con cierta ironía, «teníamos la vaga impresión de que las autoras eran más proclives a ser vistas con prejuicios»[7] por parte del público; pero, sobre todo, de la crítica. No estaba del todo equivocada: incluso Antonio Gramsci llamará a Carolina Invernizio, una prolífica autora de novelas por entregas que vivió en Voghera a finales del siglo XIX, la «honesta gallina de la literatura popular»[8].

Las cosas no cambiaron ni siquiera con la difusión de una auténtica cultura de masas a principios del siglo XX. De hecho, la suficiencia con la que los críticos hablaban de literatura popular se agudizaba cuando se referían a la lectura de las amas de casa.

Liala (pseudónimo de Amalia Liana Negretti Odescalchi), con sus turbias historias de amor, se convirtió en una auténtica catalizadora de la misoginia de la crítica, eterno símbolo de la frivolidad inherente a las páginas femeninas, hasta el punto de convertirse en la mala escritora por excelencia. Edoardo Sanguineti, del *Gruppo 63*, para calificar negativamente la literatura de Giorgio Bassani y Carlo Cassola, los definió como «las Lialas del 63».

El espectro de Liala ha llegado hasta nuestros días, y en 2011 todavía perseguía al crítico Giulio Ferroni, que en una entrevista con Claudio Magris en el *Corriere della Sera* acusó a las actuales imitadoras de la escritora de «matar la novela»[9].

Después llegó el cine, para sacudir un poco los prejuicios sobre las historias de amor. Las grandes producciones de Ho-

---

[7] Ellis Bell y Acton Bell, *Wuthering Heights and Agnes Grey*, prefacio de Currer Bell, Londres, Smith Herald & Co., 1850, p. xi.

[8] Antonio Gramsci, *Letteratura e vita nazionale*, Turín, Einaudi, 1950, p. 107.

[9] Claudio Magris, «Le nuove Liala uccidono il romanzo», *Corriere della Sera*, 17 de junio de 2011.

llywood no existirían sin las arrolladoras pasiones de sus protagonistas.

El sociólogo Edgar Morin dedicó un capítulo entero de *El espíritu del tiempo* (1962) al amor, que con el advenimiento de la cultura de masas se convierte en una obsesión popular. El amor está presente en todas partes, incluso en las historias del Lejano Oeste. A la gente le apasionan las historias de amor de la realeza británica y de los presidentes y actores estadounidenses, relatadas con gran detalle en periódicos y revistas. Para Morin, el amor, «cantado, fotografiado, filmado, entrevistado, truncado, revelado, y repetido» se convierte en «el tema central de la felicidad moderna»[10].

De forma no tan distinta al amor cortés, el amor «de masas» se absuelve a sí mismo merced al triunfo del *happy ending*, y se presenta como una fuerza capaz de superar cualquier obstáculo. El espectador de la película romántica, así como el lector –o, mejor dicho, la lectora– de la revista del corazón, satisfacen la necesidad real de amor con un amor imaginario, prefabricado y perfectamente equilibrado. Como señala sabiamente Morin, al público le gusta el amor desmedido, síntesis ejemplar de espiritualidad y carnalidad, pero no el amor loco, cuyo lugar está más bien en el papel cuché.

El amor, por tanto, seguirá siendo el tema central de nuestro tiempo, siempre y cuando se mantenga dentro de los cánones preestablecidos. Cánones que para los intelectuales, críticos y filósofos a menudo acaban siendo demasiado estrechos; a pesar –nos dice Morin– de que sean los mismos que en tiempos de Dante.

En Hollywood, para los autores también existen diferentes grados de legitimidad creadora a la hora de narrar una historia de amor: están las grandes producciones, con historias de amor más o menos disfrazadas (a menudo con desenlace trágico) y luego están las «peliculillas», las maltratadas comedias román-

---

[10] Edgar Morin, *El espíritu del tiempo* [1962], trad. de R. Uría y C. M. Bru, Madrid, 1966, p. 160.

ticas distribuidas como películas para mujeres y percibidas como filmes de poco valor, aunque a menudo escondan huellas de autor que nada tienen que envidiar a las obras más ambiciosas.

Cada producto cultural –película, libro o serie de televisión; pero vale igualmente para los hábitos de las personas– debe ser analizado dentro de un sistema más amplio de poder simbólico, por usar un término de Pierre Bourdieu.

El poder simbólico es el «poder de constituir lo dado por la enunciación, de hacer ver y de hacer creer, de confirmar o de transformar la visión del mundo, por lo tanto, el mundo»[11]. Si tallar madera es un arte noble, pero hacer las uñas es un pasatiempo de auxiliares de peluquería, es porque sobre estas dos actividades se ejerce un poder simbólico diferente. Por un lado, percibimos una actividad viril, digna, ligada a las tradiciones locales, por el otro, algo frívolo e inútil. El poder simbólico es *diferente* según la sociedad en la que se ejerce, aunque nos veamos inducidos a pensar que estos contrastes son naturales y no arbitrarios. También es una forma de metapoder: dividimos las actividades humanas a través de esta primera categorización y con ella distribuimos el poder entre los diversos sujetos sociales. De ello se deduce que quien ostenta el poder simbólico también tiene el poder de cambiar las cosas.

Uno de los ejes a partir de los cuales se divide esta facultad es el género: las cosas asociadas simbólicamente a lo masculino más importantes que las asociadas a lo femenino.

Un ejemplo banal, pero eficaz, es el de la cocina: cocinar es una actividad feminizada que en la casa realizan principalmente mujeres[12], pero los grandes chefs son casi todos hombres. En 2017 había 159 chefs profesionales en el Reino Unido, pero

---

[11] Pierre Bourdieu, «Sobre el poder simbólico» [1977], en *Intelectuales, política y poder*, trad. de Alicia Gutiérrez, Buenos Aires, Eudeba, pp. 65-73.

[12] El 81% de las italianas realiza cada día tareas domésticas como cocinar y limpiar, frente al 18% de los hombres, *European Institute for Gender Equality*, Gender Equality Index, 29 de octubre de 2020.

solo 24 eran mujeres[13]. A nivel mundial, solamente 5 mujeres de los 130 chefs han obtenido las codiciadas tres estrellas Michelin[14]. Si hay una brecha de género es también porque el poder simbólico –que legitima y da prestigio– del acto de cocinar es diferente para hombres y mujeres. La misma argumentación se puede aplicar a los géneros literarios, a las películas o a cualquier otro producto de nuestra cultura: no se trata solamente de producir una obra que refleje una cierta visión del mundo, sino de crear esa visión a partir de la nada.

De modo que, según Bourdieu, en el espacio social hay sujetos que perennemente pugnan por el dominio de los recursos existentes, recursos que no son solo materiales, sino también culturales y simbólicos. Entre estos recursos, afirma el sociólogo, también está el amor, que podemos considerar una práctica cultural, al igual que la vestimenta, el gusto por la música y el trabajo.

El amor es también una forma de sentirse «legitimados en la arbitrariedad de una manera de ser y de hacer, en la arbitrariedad de un destino biológico y social»[15]. Tener una relación con alguien también puede convertirse en una fuente de prestigio y posición. Aquí también interviene el poder simbólico: pensemos en la enorme diferencia entre tener una relación socialmente aceptable o una que se acepta con dificultad, como la que existe entre personas del mismo sexo, o de diferentes etnias, o entre una persona con discapacidad y una que no la tenga, o incluso entre personas con una gran diferencia de edad.

El amor pasa por una continua fabricación simbólica, que condiciona la forma en que lo experimentamos personalmente y la consideración que le adjudicamos dentro de la sociedad. Como resultado de ello, las expectativas sobre el amor y las

---

[13] Office for National Statistics, *Chefs in London and the UK, 2009 to 2017* (11 de enero de 2019).

[14] Holly Cole, «Who Are the Five 3 Michelin Starred Female Chefs in the World?», *Fine Dining Lovers*, 3 de diciembre de 2019.

[15] Pierre Bourdieu, *La distinción. Criterio y bases sociales del gusto*, trad. de M. del Carmen Ruiz de Elvira, Madrid, Taurus, 2002, p. 240.

relaciones personales son diferentes para hombres y mujeres: una mujer se siente obligada a sentar cabeza para que no se la vea como una solterona, mientras que para un hombre estar soltero a cierta edad no es motivo de escarnio, sino una forma de libertad e iniciativa. El panorama se complica por el hecho de que el amor no se puede definir de forma objetiva y unívoca: por un lado, están las películas, los libros, los poemas, las canciones; por el otro, nuestra vivencia.

Como nos demostró trágicamente el personaje de Emma Bovary, nuestra fantasía de amor choca con la banalidad cotidiana, provocando una frustración que, en el caso de la protagonista de la novela de Flaubert, se torna insalvable.

¿En qué medida lo imaginario condiciona lo real? En *El consumo de la utopía romántica* (1997), la socióloga Eva Illouz realizó una serie de entrevistas en las que pedía a los participantes que comentaran algunas historias de amor ficticias y las compararan con sus propias experiencias vitales. Aunque todos consideraran la historia más romántica –la de un hombre y una mujer que se conocen en un tren, se enamoran y deciden casarse ese mismo día– como la menos realista y menos deseable, cuando tenían que narrar su historia de amor más bella e inolvidable, relataban algo parecido a un «amor a primera vista», que los había llevado a hacer locuras, «como en una película»[16]. Según Illouz, estas historias responden a una especie de ritualización del amor que se basa en hábitos que han arraigado en nuestra imaginación, como sucedió con el amor cortés. Las historias de los entrevistados nunca tenían un final feliz, muchas veces ni siquiera incluían un encuentro sexual, pero las consideraban más importantes y significativas que otras relaciones más duraderas.

Podría parecer que la ficción condiciona la realidad, cargándonos con expectativas irrealizables, pero según Illouz también ocurre lo contrario: la idea general es que el amor romántico

---

[16] Eva Illouz, *El consumo de la utopía romántica*, trad. de María Victoria Rodil, Buenos Aires, Katz, 2009, pp. 223-224.

pertenece al ámbito de la excepcionalidad, frente a la rutina y la cotidianeidad. Y, de hecho, solo tres de los cincuenta entrevistados por la socióloga consideraban que su relación actual, de larga duración, era la más memorable.

Esta línea de pensamiento tiene gran éxito en la narración de traiciones y escapadas: fugaces historias de amor prohibidas y apasionadas para escapar del aburrimiento del presente.

Hasta hace relativamente poco tiempo, las historias de amor homosexual también pertenecían a la misma tendencia, vistas como un momento de desviación respecto a la norma: en *Perfidie* (1919), novela de Maria Assunta Giulia Volpi Nannipieri, que firmaba como «Mura», la protagonista, Sibilla, se enamora de su amiga Nicla, pero al final opta por la normalidad del matrimonio heterosexual.

Es un tipo de narración aún muy extendida: basta pensar en una película de temática gay que tuvo un gran éxito, *Brokeback Mountain* (2005), o en la más reciente *Call Me by Your Name* (2017).

La fascinación por lo prohibido, que se expresa en distintas épocas de maneras muy diferentes, no es solo una consecuencia de la cultura en la que vivimos, sostiene Illouz. También debemos considerar una dimensión física y experiencial, arraigada en las emociones que sentían las personas en el momento en que dejaban de lado las convenciones sociales para entregarse al romanticismo. Esta continua tensión entre abandonarse a las sensaciones del momento y remitirse a la responsabilidad social de una relación aceptable es lo que crea la contradicción del amor posmoderno, como lo llama Illouz:

> Así, lo que define al yo romántico contemporáneo es que insiste, cual Sísifo, en invocar la intensidad puntual y fugaz del amorío dentro de una estructura narrativa global y estable (como el matrimonio) para reconciliar el modelo totalizador del amor eterno con la intensidad fragmentaria del amorío. Esta división del yo romántico en dos estructuras narrativas incompatibles, que supone la composición de un relato de amor eterno con retazos

de historias discontinuas, independientes y cerradas sobre sí mismas, fragmenta el yo «heroico» y coherente de la modernidad en un *collage* de identidades narrativas en conflicto[17].

Esta compleja y contradictoria red de determinaciones textuales hace que percibamos el amor como algo falso, construido por otro. El amor, según Illouz, es una experiencia liminal, que solo nos sentimos libres de vivir cuando estamos en situaciones que escapan al control social: en la idealización (la clásica idea de dejarlo todo para hacer locuras con alguien, a ser posible mejor si se le acaba de conocer), en la aceptación del adulterio y en la experiencia consumista del tiempo libre, como la de un viaje. ¿Cuántas veces una pareja aburrida o al borde de la separación decide irse de vacaciones con la esperanza de volver a encender el fuego?

> La liminalidad es la modalidad emocional mediante la cual los miembros de la pareja acceden a la utopía romántica propiamente dicha. En esta modalidad utópica, la supuesta existencia de un vínculo orgánico borra todas las dificultades y toda la laboriosidad que implica una relación. Por otra parte, el acceso mutuo al ocio, la suspensión de las responsabilidades y la fusión del yo con la naturaleza anulan las divisiones de género, las identidades sociales y la desigualdad de clase. El aislamiento de los enamorados está imbuido de significado cultural, pues suspende e invierte las normas cotidianas, pero también las reglas de la esfera de producción y reproducción. La temporalidad, intensa, cerrada y «vertical» de los fenómenos liminales anula al tiempo cotidiano y «horizontal» del esfuerzo, el trabajo y la rutina[18].

Desde que las mujeres comenzaron a escribir y publicar novelas, han narrado precisamente esa misma liminalidad, a menudo ocultándola entre los pliegues de historias pedagógicas

---

[17] *Ibid., op. cit.*, pp. 235-236.
[18] *Ibid.*, p. 243.

y moralistas. Aunque al final solo las chicas buenas eran recompensadas con un buen matrimonio feliz, de todas formas a las lectoras se les concedía la oportunidad de asomarse a las vidas fuera de la norma de prostitutas, amantes, lesbianas, cortesanas y e infelices de todo tipo, que llevaban vidas muy diferentes a las suyas.

La continua tensión hacia el amor, tanto en calidad de escritoras como de lectoras, ha hecho de las mujeres un objeto de burla por parte de la cultura institucional.

Pensemos en las polémicas suscitadas por una novela como *Cincuenta sombras de Grey*, publicada en 2011 por la escritora inglesa E. L. James. La paradoja es que las críticas no se centraron tanto en la dudosa calidad literaria del libro, ni en el implícito mensaje de sumisión femenina, como en el público potencial de amas de casa frustradas o sexualmente reprimidas que hicieron posible un éxito mundial de 70 millones de ejemplares vendidos.

La crítica que hoy en día habría que dirigir a los denominados productos femeninos consiste precisamente en el horizonte de posibilidades y en la idea de mundo que proponen.

Betty Friedan lo hizo en 1963 con un ensayo monumental y decisivo para el feminismo, *La mística de la feminidad*, examinando los relatos y artículos en las revistas femeninas, que «enmascaran la falta de sueños, el vacío de ideas, el terrible tedio que se ha instalado en las vidas de las amas de casa estadounidenses»[19].

En el capítulo anterior hemos analizado la forma en que el sistema socioeconómico obstaculiza la realización del amor, disfuncional respecto de los valores del individualismo y la ganancia. Pero todo esto no sería posible si el amor no pasara por una continua fabricación simbólica, que lo hace al mismo tiempo atractivo y repelente, deseable y despreciable, posible e inalcanzable.

---

[19] Betty Friedan, *La mística de la feminidad*, trad. de Magalí Martínez Solimán, Madrid, Cátedra-Universitat de València, 2009, p. 94.

De este modo, se puede concluir que existe justamente un doble dominio simbólico del amor, que refleja lo que decíamos al respecto de Hemingway: el amor solo es aceptable bajo una especie de función reveladora del alma humana. No puede existir por sí mismo, como tema central, sino que siempre debe *representar* algo diferente, o mejor dicho, algo que es más importante. De lo contrario, el amor es algo fútil, una pérdida de tiempo, un asunto ligero.

Obviamente esta visión del amor, doble y en ciertos aspectos antitética, no existe en un éter libre de condicionamientos: todo depende de *quién* habla de amor. Y en general, como demuestra la historia de la literatura, si es un hombre quien habla de él, el amor es algo importante; si es una mujer, entonces es insignificante. Escribe bell hooks:

> En la cultura popular, el amor es un campo abonado por la fantasía. Quizás por eso la especulación teórica sobre el amor ha estado durante mucho tiempo dominada por los hombres; la fantasía ha sido siempre su terreno, tanto en la esfera de la producción cultural como en la vida cotidiana. La fantasía masculina es vista como capaz de crear una nueva realidad, mientras que la fantasía femenina se considera pura evasión[20].

La fantasía nunca es neutral, ni está completamente desconectada de las condiciones materiales; porque, como dijo Marx, sentimos una obligación para con «la *fantástica realización* de la esencia humana, porque la esencia humana carece de verdadera realidad»[21]. La fantasía es, por tanto, una forma de deseo capaz de crear una realidad ilusoria, que es al mismo tiempo «la *expresión* de la miseria real y, de otra parte, la *protesta* con-

---

[20] hooks, *Todo sobre el amor*, cit., p. 20.
[21] Karl Marx, «En torno a la Crítica de la filosofía del derecho de Hegel. Introducción», en C. Marx y F. Engels, *La Sagrada Familia y otros escritos filosóficos de la primera época*, trad. de Wenceslao Roces, Ciudad de México, Grijalbo, 1967, p. 3.

tra la miseria real»[22]. Por tanto, no es casualidad que el amor sea un objeto privilegiado de nuestra fantasía, ni que haya sido siempre protagonista de nuestra producción cultural.

El amor existe y es nuestra esencia, nuestro fin, nuestro deseo, pero la realidad es cruel y preferimos encerrarlo en el contenedor de la ficción para poderlo tener lo suficientemente cerca pero al mismo tiempo mantenerlo a una distancia segura.

El poder simbólico de la fantasía no cambia únicamente en función del objeto con el que fantaseamos, sino también del sujeto que fantasea.

La crítica feminista y poscolonial se ha dedicado durante mucho tiempo a analizar quién y cómo detenta el poder simbólico, buscando espacios de resistencia y oposición.

Las prácticas de resistencia pueden darse de diferentes maneras, por ejemplo, la reivindicación de una mirada femenina en ámbitos casi exclusivamente masculinos, como el cine, o la recuperación y revalorización de todas las actividades tradicionalmente femeninas a las que se intenta restituir su relevancia histórica y dignidad artística; por ejemplo, el bordado o el *quilting*, la creación de tejidos acolchados con un alto valor simbólico para las comunidades afroamericanas.

Escribe bell hooks que «nuestro vivir [como personas marginalizadas] depende de nuestra capacidad de conceptualizar alternativas»[23] a un sistema de poder dominante. Para hooks, «marginalidad» no es un término negativo, sino un «lugar de radical posibilidad»,[24] de alternativa a la dominación. El amor es uno de los ámbitos en los que puede observarse la capacidad imaginativa y transformadora que supone estar en los márgenes.

La historia de la comunidad LGBTQ+ es ejemplar en este sentido: gays, lesbianas y personas trans han tenido siempre que recurrir a estrategias creativas para vivir sus relaciones en

---

[22] *Ibid.*
[23] bell hooks, *Afán. Raza, género y política cultural*, trad. de Ana Useros, Madrid, Traficantes de Sueños, 2021, p. 204.
[24] *Ibid.*, p. 205.

tiempos en los que estar con una persona del mismo sexo podía ser ilegal. John Alan Lee, en un artículo de 1979 titulado «The Gay Connection», describe el complejo funcionamiento de la comunidad gay en Toronto, que garantizaba a los homosexuales no solo la posibilidad de reunirse y relacionarse, sino también de construir una cotidianeidad propia con su pareja, sin sufrir las consecuencias del estigma[25].

Forzados a vivir dentro del *closet*, es decir, en la oscuridad de ese armario que la comunidad utiliza como metáfora de la vida antes de revelarse o *coming out*, los gays canadienses habían creado una amplia «ecología sexual», como la llama Lee, que les garantizaba daban una completa autosuficiencia fuera de la sociedad heterosexual: una pareja gay que quisiera convivir recurría a un agente inmobiliario gay, frecuentaba espacios y comercios seguros gestionados por otras personas gays, etcétera.

No es solo la comunidad LGBTQ+ la que ha adoptado estrategias similares: en las historias de muchos migrantes y sus familias también nos encontramos con la capacidad imaginativa del amor. Como escriben Nicola Mai y Russell King, del Institute for the Study of European Transformations de la Universidad Metropolitana de Londres y del Sussex Centre for Migration Research de la Universidad de Sussex, respectivamente, olvidamos con frecuencia que los inmigrantes, refugiados y solicitantes de asilo son «seres sexuales que expresan, quieren expresar, o carecen de los medios para expresar su identidad sexual»[26]. Según estos dos investigadores, el amor es una de las principales motivaciones para la movilidad de las personas en el mundo globalizado. Teniendo en cuenta la estrecha relación entre la posibilidad de vivir libremente los sentimientos propios y las condiciones materiales, resulta evidente que dentro de la migración las motivaciones económi-

---

[25] John Alan Lee, «The Gay Connection», *Urban Life*, 8, 2, julio de 1979, pp. 175-198.
[26] Nicola Mai y Russell King, «Love, Sexuality and Migration: Mapping the Issue(s)», *Mobilities* 4, 3, noviembre de 2009, pp. 295-307.

cas y sentimentales están estrechamente entrelazadas. Esto no solo se aplica a las personas de la comunidad LGBTQ+ que no pueden expresar su orientación sexual o identidad de género en sus países de origen, sino en general a todos los migrantes que, por ejemplo, quieren reunirse con familiares que ya han emigrado o garantizar mejores condiciones de vida para su familia.

La capacidad creativa y a veces fantástica del amor es, por tanto, una herramienta de supervivencia dentro de un sistema de dominación. Nuestra cultura todavía está inmersa en la necesidad de mantener jerarquías fijas de poder simbólico, a menudo sirviéndose de la arbitrariedad del canon y de la tradición como justificación para establecer qué historias vale la pena contar y cuáles no. Sin embargo, desde los márgenes surge cada vez con mayor fuerza la necesidad de contar historias diferentes.

Si aceptamos la idea de bell hooks de que el amor es una herramienta para desarrollar colectivamente alternativas al poder, no podemos sino reconocer la importancia de las lecciones que nos llegan del oprimido. La cultura, para hooks, también debería reflejar la reciprocidad del amor y acoger a quienes lo narran no solo como un sentimiento exclusivo de dos amantes, o como una metáfora de algo más importante, sino como un espacio de transformación y cambio.

CAPÍTULO IV
Amor como comunidad

> «La justicia es la forma con la que el amor se muestra en público».
>
> Cornel West

Aunque los servicios secretos lo consideraran «el hombre más peligroso de América», gran parte de la opinión pública conserva un recuerdo edulcorado de Martin Luther King, el «revolucionario respetable», teórico y practicante de la no violencia, aquel que nunca tocaría un pelo ni siquiera del peor de sus enemigos.

Hoy en día la figura del activista se evoca como un contraejemplo positivo por parte de los detractores del movimiento de derechos civiles Black Lives Matter, esto es, por parte de quienes preferirían protestas silenciosas y pacíficas que no perturbaran demasiado el *statu quo:* esas protestas que, según dicen, encabezaría hoy el pastor protestante.

En la izquierda, King no gusta precisamente por su presunta moderación, en comparación con la vehemencia militante de Malcolm X, Angela Davis o Bobby Seale. Sin embargo, lo que muchas veces se olvida de King –o lo que se prefiere no ver, reduciendo toda su práctica política a ese «I have a dream» del 28 de agosto de 1963, que ahora se ha convertido en una especie de discurso motivacional– es que era un hombre de ideas políticas subversivas y radicales, «que estaba del lado de los pobres y de la clase trabajadora en la lucha de clases dentro de una sociedad capitalista», como escribe el filósofo Cornel West[1].

---

[1] Martin Luther King Jr., *The Radical King*, edición de Cornel West, Boston, Beacon Press, 2015, p. 13.

Lo que hizo de King un auténtico revolucionario fue, además de una visión política de la justicia universal, su concepción del «amor radical», un amor que «surge de la catástrofe y persevera en la crisis»[2]. Escribe West:

> El amor radical de King –siguiendo la estela del gran cambio que supuso Gandhi– se celebra a menudo como un amor por sus opresores blancos. Y esto es un error. El amor radical de King hacia gente que tan a menudo no ha sido amada –los negros– es lo que está en la base de su tan recordado amor por los blancos. Su amor radical es inseparable de la libertad radical que desea para un pueblo no libre, y para todos los demás[3].

El amor de King es puro *ágape*. Es un amor público, desinteresado, que desde la dimensión privada repercute en toda la sociedad, capaz de afectar incluso a quien decide rehuir su potencia. Es el *conatus* spinoziano, el deseo de la voluntad.

Martin Luther King Jr. comenzó a desarrollar su visión personal del amor mientras estudiaba teología en el Crozer Theological Seminary en Chester, Pensilvania, inspirándose en el concepto de *Social Gospel*, el Evangelio social del reverendo Walter Rauschenbusch, un pastor baptista que vivió entre los siglos xix y xx. Según el *Social Gospel*, la religión no debe ocuparse solamente de las almas de los hombres, sino también de sus condiciones materiales, económicas y sociales. La ética religiosa debe aplicarse principalmente a la justicia social porque según el Evangelio social el hombre no solo es responsable ante Dios, sino también ante toda la sociedad.

De Rauschenbusch, King aprendió la importancia de la aplicación política de las enseñanzas de Jesús. Después, King combinó el Evangelio social con la filosofía personalista, que sitúa en el centro de la especulación a la persona y su realización como conciencia unitaria. El personalismo insiste en la impor-

---

[2] *Ibid.*, p. 21.
[3] *Ibid.*, p. 22.

tancia de la naturaleza moral del individuo y, por consiguiente, de sus acciones[4].

Es una concepción de la persona que podría parecer obvia hoy en día, pero sin duda no lo era para una persona negra en los Estados Unidos de las leyes de Jim Crow. Con King, la idea evolucionará después hacia el concepto de *somebodiness:* el carácter de ser alguien, contar para algo, frente a ser *nobody*, es decir, no ser nadie, vivir en la marginalidad y la invisibilidad a la que los negros estuvieron y todavía se ven abocados en una sociedad blanca.

En el corazón de la teología del amor de King está la no violencia, tomada de las enseñanzas de Henry David Thoreau, Mahatma Gandhi y, más en general, de la ética protestante, que exalta el sacrificio de uno mismo, el desinterés y la no reciprocidad de los sentimientos. King hizo suyos estos conceptos, combinándolos con la reflexión política sobre el cambio radical.

Como admitió él mismo en un capítulo de *Stride Toward Freedom* (1958)[5], King completó su educación la gracias a la lectura de Karl Marx. Aunque como cristiano no podía compartir su visión materialista, ni lo que el pastor denominaba «relativismo ético», Marx le abrió los ojos a la «brecha entre la riqueza superficial y la pobreza abyecta» y «le reveló los peligros de la ganancia como única base para un sistema económico»[6].

---

[4] Thomas D. Williams y Jan Olof Bengtsson, «Personalism», en *The Stanford Encyclopedia of Philosophy*, primavera de 2020, editada por Edward N. Zalta, accesible en https://plato.stanford.edu/archives/spr 2020/entries/personalism/.

[5] Hay dos versiones de este texto, también conocido como «Peregrinaje hacia la no-violencia» *[Pilgrimage to Nonviolence]*. La primera está incluida en el ensayo *Stride Towars Freedom: The Montgomery Story*. Una segunda versión abreviada se publicó en la revista *Christian Century* en 1960, y se tradujo por primera vez al italiano como *La forza di amare* (1963), editado por SEI y después, en una nueva edición, por Edizioni Terra Santa, con el título *Un dono d'amore. Sermoni da «La forza di amare e altri discorsi»*, en 2018.

[6] King, *The Radical King*, cit., p. 72.

El paso siguiente de King consistió en integrar estas ideas en la ética del perdón y el amor que se derivaba de su formación religiosa. El resultado es un mensaje extraordinario que, aunque se haya tergiversado y trivializado a menudo, sigue siendo uno de los mejores ejemplos de *ágape*. En su artículo «Pilgrimage to Nonviolence», el propio King nos da una espléndida definición: *ágape* es «benevolencia *[goodwill]*, comprensiva y creativa, para todos los hombres»[7].

El concepto de *ágape* en la versión profesada por Martin Luther King también ha tenido acogida dentro de la teoría feminista. Uno de los aspectos que más ha interesado a la crítica feminista es la dimensión del autosacrificio. Para las feministas, el autosacrificio no es una elección consciente –como exige para todos la teología cristiana– sino más bien una actitud que se ha impuesto a las mujeres por el papel social que han desempeñado y aún desempeñan. Para los hombres, dedicar su vida al servicio de los demás es una elección, para las mujeres es una obviedad.

La teóloga Karen V. Guth señala que King comete el error de insistir en la dimensión sacrificial del *ágape*, influido por otros pensadores y por la distinción «escolástica» entre *eros*, *philia* (otro nombre para *storgé*) y *ágape*[8]. Precisamente para diferenciarlo del amor conyugal y de la amistad, King lo define como una forma pública de amor; pero esta concepción del *ágape* se remonta a un principio que ya hemos comentado, a saber, que la racionalidad y la dimensión pública pertenecen a los hombres, mientras que los sentimientos y el ámbito de lo privado, a las mujeres.

---

[7] Martin Luther King Jr., *Un dono d'amore. Sermoni da «La forza di amare e altri discorsi»*, trad. it. de Francesca Cosi y Alessandra Repossi, Milán, Edizioni Terra Santa, 2018, posición 863 [traducimos a partir de la edición inglesa original, «Loving your Enemies», reeditada en Martin Luther King, Jr., *A Gift of Love. Sermons from Strength to Love and Other Preachings*, Boston, Beacon Press, 2012, p. 49 (*N. del t.*)].

[8] Karen V. Guth, «Reconstructing Nonviolence: The Political Theology of Martin Luther King Jr. after Feminism and Womanism», *Journal of the Society of Christian Ethics* 32, 1 (2012), p. 77.

Esta crítica legítima, junto con la crítica de otras feministas que señalan que King no habría abordado nunca en profundidad las cuestiones de género, queda sin embargo superada cuando queda claro que las dimensiones de *eros* y *storgé* también son importantes para King.

Guth identifica tres puntos de contacto entre la teología del amor de King y la concepción feminista del amor.

El primero está en la importancia del amor propio, ese *somebodiness* que King evoca durante el boicot a los autobuses de Montgomery[9]. Las vidas de las mujeres y personas negras, enraizadas en el autosacrificio involuntario, cambian solo cuando ellas y ellos se dan cuenta de que son alguien, y no algo. El concepto de *somebodiness* de King concilia mal con la consideración cristiana de *ágape* como «renuncia» a uno mismo[10], como lo define Joseph Ratzinger en la encíclica *Deus Caritas Est.*

El segundo aspecto es el papel que tienen *storgé* y *eros* en relación con *ágape*. La insistencia en el citado carácter sacrificial del *ágape* corre el riesgo no solo de justificar la subordinación de un grupo social oprimido, sino también de transformarse en un gesto autorreferencial y egoísta: ¿amas porque amas de verdad o porque quieres sentirte mejor contigo mismo? Ambas cuestiones son cruciales en la sociedad del *rendimiento*, precisamente porque es fácil caer en la trampa performativa de los sentimientos. Por esta razón la dimensión agápica no puede existir si para sostenerla no existen también las versiones más recíprocas del amor, *eros* y *storgé*. Aunque King insista en distinguirlos del amor puro representado por *ágape*, su teología está enraizada en la cotidianeidad, en la materialidad del Evangelio social, en el recordatorio continuo del amor a la familia, a la esposa, a los hijos. Pero no solo eso: el tema de la comunidad, del destino común, vuelve con una fuerza difícil de ignorar.

---

[9] Martin Luther King Jr., *Stride toward Freedom. The Montgomery Story* [1958], Boston, Beacon Press, 2010, p. 183.

[10] Benedicto XVI, *Lettera enciclica*, cit., 7.

«Cada vida es literalmente interdependiente», escribe en el sermón *The Man Who Was a Fool*. «Todos los hombres están atrapados en una ineludible red de reciprocidad, unidos en un único tejido del destino. Lo que afecta directamente a uno, afecta indirectamente a todos»[11].

Y esto nos lleva al tercer elemento que conecta la concepción del *ágape* de King con la de la crítica feminista, a saber, la capacidad creativa del amor para construir una comunidad. Nos explica cómo, una vez más, bell hooks: «Elegir el amor es ir en contra de los valores que predominan en la cultura»[12]. Es crear una alternativa no solo a las estructuras de poder «desde arriba», sino también a aquellas que hemos adquirido íntimamente y que consideramos obvias o normales, y damos por descontadas, hasta el punto de que acabamos confundiéndolas con el orden natural de las cosas.

Por muy sensibles que seamos ante la injusticia, siempre habrá opresiones que se nos escapen. Ante la dominación tendemos a centrarnos en el aspecto que nos afecta en primera persona, porque nuestro objetivo primario es poner fin a nuestro sufrimiento. Incluso cuando invertimos tiempo y recursos en una causa en la que creemos, nuestra propensión es a elegir la que nos afecta más de cerca. Esto significa inevitablemente ignorar otras causas, considerándolas corolarios de aquella en la que creemos, cuando no verdaderos obstáculos que nos impiden alcanzar nuestro objetivo.

Es una forma de pensar típica de muchos movimientos de izquierda y de justicia social, que se han desgarrado precisamente porque sus activistas han sido incapaces de mantener juntos los hilos de un discurso más amplio. Según bell hooks, para crear un cambio social real es necesario pasar de la necesidad momentánea de aliviar el sufrimiento propio a una ética de amor y compasión. En este contexto, amor significa asumir

---

[11] Martin Luther King, Jr., *A Gift of Love*, cit., p. 73.
[12] bell hooks, *Outlaw Culture. Resisting Representation* [1994], Nueva York, Routledge, 2008, p. 293.

las responsabilidades hacia el otro, una regla que se aplica tanto al *ágape* como a *eros* y *storgé*. Sin la toma de conciencia de que el amor es sobre todo una elección, no puede haber crecimiento, y sin crecimiento, no puede haber comunidad.

La comunidad a la que se refiere bell hooks no es la humanidad en sentido abstracto. El amor es una práctica que existe en función de las personas que tenemos a nuestro alrededor, no es un ejercicio intelectual.

Amar la idea de alguien es sencillo, porque permite idealizar, eliminar complejidad o proyectar nuestra propia visión del mundo en los demás, y quedamos decepcionados cuando no se corresponde a la realidad. Las personas, en cambio, son falaces, difíciles, impredecibles. Incluso aquellas personas a las que amamos con el amor más sincero a veces hacen cosas que no aprobamos, pero que tratamos de aceptar desde la certeza de que nuestros sentimientos son más fuertes que cualquier creencia o convicción moral.

La *beloved community*, la comunidad amada en la que creía Martin Luther King, se basaba en acoger a las singularidades. Por eso el amor agápico es ante todo una práctica, un ejercicio cotidiano. hooks sugiere una pregunta crucial que debemos plantearnos para saber si la comunidad de la que formamos parte es verdaderamente una *beloved community*: «¿Qué significa habitar el espacio sin una *cultura de la dominación* que define el modo en que vives tu vida?»[13]. Esta cultura puede dominarnos porque formamos parte de una minoría, o porque no somos lo suficientemente ricos o socialmente aceptables, o podemos ser nosotros quienes la ejerzamos sobre los demás, de forma más o menos consciente.

Abandonar la cultura de la dominación significa aprender a derribar lo que bell hooks llama «falsas fronteras», es decir, interesarse solo por el destino y la felicidad de quienes son semejantes a nosotros. Construimos continuamente estos límites, no solo al decidir quién es digno de nuestra compasión,

---

[13] *Ibid.*, p. 278.

sino también al ayudar solamente a quienes que se nos asemejan. Un caso concreto de frontera falsa es el llamado *white-passing privilege*, el privilegio de pasar por blanco: es decir, la situación ventajosa que pueden experimentar en la vida cotidiana personas no blancas pero de piel clara o similar a la de una persona blanca.

La connotación despectiva que nuestra sociedad otorga a cualquier migrante de piel oscura se desvanece ante un migrante de piel clara, al que muy seguramente definiríamos como expatriado y no como inmigrante o extranjero.

Por poner un ejemplo, en el Reino Unido el 90% de los inmigrantes procedentes de Sudáfrica son blancos (en ese país los blancos representan solamente el 9% de la población), con una tasa de empleo del 84%, diez puntos porcentuales más que la media del número total de inmigrantes[14].

Teniendo en cuenta la situación social en Sudáfrica, el fenómeno tal vez pueda explicarse por el hecho de que las personas más ricas, es decir, las blancas, son las que pueden permitirse el lujo de emigrar. Pero no hay duda de que el trato no discriminatorio que experimentan en el país de llegada se ve favorecido por su asimilación a los europeos.

Creemos que solamente racistas, sexistas y homófobos erigen esas falsas fronteras, pero la verdad es que los movimientos por la justicia social también están impregnados de ellas. hooks ofrece dos ejemplos que, en mi opinión, son importantes y actuales: critica al movimiento del Black Power por haber afirmado una idea de poder extremadamente normativa y, por consiguiente, afín al dominio machista, de la cual las mujeres han sido excluidas; y critica al feminismo blanco burgués por no haber sido capaz de reconocer la importancia de la cuestión racial en la construcción de una sociedad igualitaria:

---

[14] Kristoffer Halvorsrud, «The Maintenance of White Privilege: The Case of White South African Migrants in the uk», *Ethnicities* 19, 1, febrero de 2019, pp. 95-116.

Esencialmente, si nos comprometemos solo con la mejora de esa política de dominación que sentimos que conduce directamente a nuestra explotación y nuestra opresión individual, no solo seguimos ligadas al *statu quo*, sino que actuamos en complicidad con él, alimentando y manteniendo esos mismos sistemas de dominación. Hasta que no seamos capaces de aceptar la naturaleza conectada e interdependiente de los sistemas de dominación, y reconozcamos los modos específicos con los que se mantiene cada sistema, continuaremos actuando de maneras que socavan nuestra búsqueda individual de libertad, y la lucha por la liberación colectiva[15].

Libertad individual y liberación colectiva son dos elementos esenciales para la construcción de una comunidad y están enraizados en la ética del amor de King.

A pesar del carácter profundamente individualista de nuestra sociedad sabemos que querernos a nosotros mismos es más difícil de lo que parece. El malestar que muchos sentimos ante una sociedad ultraperformativa y ultracompetitiva se traduce en una forma de impotencia, de desilusión continua y resignación por no llegar a hacer nada verdaderamente válido. Junto a todos los debates sobre el presunto narcisismo que padecemos, como atestiguan las redes sociales y la proliferación de los *selfies*, resulta evidente el modo en que la necesidad de afirmarse a través de una forma de narración, exhibición o, como se dice hoy en día, *storytelling*, es el síntoma de una necesidad de posicionarse dentro de la sociedad del espectáculo, bajo pena de quedar excluidos. Transmitir a los demás la idea de que potencialmente somos capaces de hacer lo que la sociedad nos exige supone un largo trabajo performativo, para el que las redes sociales no son más que un escaparate más. Pero este continuo trabajo no nos hace bien; nos agota tanto física como mentalmente: el *burnout*, la sensación de haber agotado nuestros recursos, acompañada de la necesidad de tomarse un tiem-

---

[15] bell hooks, *Outlaw Culture. Resisting Representation*, cit., p. 290.

po alejados de todo, es una experiencia cada vez más común, especialmente entre los jóvenes. La broma más cruel es que, en lugar de ver todo esto como una llamada de atención sobre la vida excesivamente estresante que llevamos, el agotamiento se celebra como una prueba definitoria de nuestra capacidad de resiliencia.

Este malestar se multiplica infinitamente para quienes viven en la marginalidad y, por tanto, parten de peores condiciones materiales que quienes disfrutan de más privilegios.

Martin Luther King y Malcolm X dedicaron gran parte de su vida a predicar la autoafirmación, no como forma de realización individual, sino como una fuerza colectiva: «Si no puedes ser un pino en la cima de la colina, sé un arbusto en el valle; pero sé el mejor arbusto de la ladera»[16], les dijo King a los estudiantes de la escuela secundaria Barratt de Filadelfia, en octubre de 1967, seis meses antes de ser asesinado.

Uno de los discursos más famosos de Malcolm X es una invitación a amar esos mismos cabellos que el hombre blanco enseñó a los negros a odiar.

Hoy en día, discursos de este tipo podrían definirse como motivacionales: de hecho, las palabras de los grandes activistas se emplean a menudo con el fin de hacernos sentir mejor, vaciándolas de toda su evidente carga política.

Ser el otro, y encontrar un lugar en una sociedad que te niega, te explota y te humilla es *in primis* un acto de amor hacia uno mismo, pero también es un modo de crear una verdadera comunidad, que no teme las diferencias y no pretende asimilar la alteridad a una enésima norma. Es el primer paso para encontrar la libertad individual.

A menudo, los movimientos progresistas no han sabido reconocer que cada uno tiene la necesidad espiritual de afirmarse como individuo; y no han podido quizás también por un miedo legítimo a perder de vista a la comunidad, en favor de las reivindicaciones personales. Pero de este modo no han te-

---

[16] Martin Luther King, Jr., *A Gift of Love*, cit., p. 183.

nido en cuenta su propia comunidad, porque no se han ocupado de las personas que forman parte de ella. Sin embargo, una célebre máxima que Marx populariza contiene precisamente este concepto: «De cada cual según su capacidad, a cada cual según sus necesidades».

De aquí surge la necesidad que muchos sienten de separar lo privado y lo político, cuando no de experimentar ambos aspectos de maneras radicalmente diferentes: comprometidos en política pero desinteresados en lo privado, o por el contrario demasiado concentrados en su vida cotidiana como para darse cuenta de lo que pasa en el resto del mundo. Este es un problema doloroso de afrontar, pero es un paso obligatorio y en absoluto obvio, y para resolverlo debemos partir de la conciencia de que las necesidades espirituales son necesidades materiales.

Sucede, por tanto, que incluso quienes libran batallas políticas o civiles, esperando que esto sea suficiente para cambiar las cosas, a menudo no están dispuestos a trabajar sobre sí mismos: una contradicción sobre la que puso el foco el feminismo de los años setenta, que no pudo dejar de constatar cómo los «compañeros» del movimiento estudiantil y de los partidos políticos de izquierda, comprometidos en la lucha de clases, veían con buenos ojos la campaña por la liberación de la mujer solo en la medida en que implicaba más posibilidades de llevarse a la cama a las chicas, ahora sexualmente disponibles. Y de este modo, quien se dedicaba a la militancia terminaba perpetuando, incluso en los ambientes más de vanguardia, la misma dinámica de dominación patriarcal que las mujeres vivían en sus familias de origen.

La ruptura entre los dos movimientos en Italia, feminista y estudiantil, irremediable ya desde 1969[17], fue el resultado de que los hombres no quisieran hacerse cargo del trabajo necesario para escuchar, comprender y acoger las demandas

---

[17] Fiamma Lussana, *Il movimento femminista in Italia. Esperienze, storie, memorie (1965-1980)*, Roma, Carocci, 2012, p. 46.

de las mujeres, pero sobre todo del trabajo para mejorar ellos mismos.

Este problema parece repetirse siempre de forma idéntica, ampliando la brecha entre nuestra intención de mejorar la sociedad y la dedicación a nuestro crecimiento personal. La incapacidad de conciliar estos dos aspectos acaba por dejar que sean otros quienes gestionen nuestras emociones en nuestro lugar.

Según Byung-Chul Han, esta precariedad emocional ha supuesto que las emociones se han vuelto fácilmente capitalizables dentro de la sociedad del rendimiento[18].

Y lo hemos podido comprobar: en 2016 Facebook introdujo las reacciones, botones que substituían al antiguo «me gusta» y que permiten que el usuario exprese la emoción que le suscita determinada publicación: amor, diversión, estupor, tristeza e ira. En 2020, durante la pandemia de Covid-19, el gigante de Mark Zuckerberg añadió una sexta reacción: el abrazo, como símbolo de solidaridad. Sin embargo, estos botones no se introdujeron solamente para mejorar la experiencia del usuario, sino también para facilitar la tarea de perfilar a cada usuario con fines comerciales.

Es significativo que Facebook llamara a esta nueva *feature* «Reacciones», un término que subraya hasta qué punto estas emociones son inmediatas, espontáneas y elementales. Según Han –y las reacciones de Facebook son un claro ejemplo– la sociedad neoliberal da gran importancia a las emociones, porque responden a algunas de sus necesidades estructurales, en primer lugar, esa inestabilidad que es necesaria para estimular las finanzas.

La expresión periodística «el estado de ánimo de los mercados» resume perfectamente la necesidad que el actual sistema económico tiene de fluctuaciones continuas, cambios bruscos, sobresaltos repentinos. Nuestro sistema premia las emociones y se sirve de ellas en todos los niveles, incluido el político. Muchos

---

[18] Byung-Chul Han, *Psicopolítica*, cit., pp. 70-71.

investigadores, por ejemplo, han vinculado el crecimiento del populismo y el nacionalismo en todo el mundo con este renovado énfasis en las emociones.

Pero dar salida a lo primero que nos viene a la cabeza no solo es peligroso, sino que también significa ponernos a disposición de quien quiere explotar nuestra volubilidad. Byung-Chul Han escribe:

> A partir de un determinado nivel de producción, la *racionalidad*, que representa el medio de la sociedad disciplinaria, topa con sus límites. La racionalidad se percibe como coacción, como obstáculo. De repente tiene efectos rígidos e inflexibles. En su lugar entra en escena la *emocionalidad*, que corre paralela al sentimiento de libertad, al libre despliegue de la personalidad. Ser libre significa incluso dejar paso libre a las emociones. El capitalismo de la emoción se sirve de la libertad. Se celebra la emoción como una expresión de la subjetividad libre. La técnica de poder neoliberal explota esta subjetividad libre[19].

En ese sentido, es crucial distinguir entre emociones y sentimientos. Mientras que las emociones están subordinadas a la lógica performativa y ligadas a las circunstancias del momento –y son por tanto efímeras–, los sentimientos son un estado duradero, son una condición. Si las emociones son difíciles de controlar, los sentimientos pueden y deben trabajarse.

En una sociedad represiva, es fácil pensar que liberar nuestras emociones sea una forma válida de liberarnos también a nosotros mismos. Sin embargo, bell hooks nos advierte que ser libre no significa abrir paso a toda reacción emocional; muy al contrario, significa aprender a ejercitar críticamente nuestros propios sentimientos. Predisponerse a la escucha de sí mismo y de los demás, a la afirmación de la persona que somos, no como sujeto de rendimiento, sino como sujeto ético.

---

[19] *Ibid.*

Se trata de un trabajo colectivo de cuidados que ya no se puede abandonar, requerir y exigir solamente a las mujeres.

Después del debate de los años setenta en torno al trabajo doméstico no remunerado, el feminismo ha empezado a hablar de *emotional labour*, es decir, trabajo emocional o carga emocional. La expresión fue acuñada en 1983 por Arlie Hochschild, en su ensayo *The Managed Heart*, que analizaba el modo en que se exige a los trabajadores que gestionen sus emociones en el lugar de trabajo. El término se utilizó después para indicar las formas de control, manipulación y falsificación de las emociones impuestas a las mujeres: un verdadero y auténtico trabajo, que requiere una cantidad considerable de tiempo y energía.

En ambientes profesionales, por ejemplo, se pide a las mujeres que estén siempre sonriendo, que no monten escenas histéricas, o que resuelvan conflictos ajenos en calidad de mediadoras. Sin embargo, este tipo de requerimientos, que pueden parecer aceptables cuando se trabaja de cara al público, se proyectan a todos los ámbitos de la vida femenina: por ejemplo, cuando los adultos le reprochan a una niña que no es lo suficientemente alegre y complaciente, o cuando se pide a una mujer que reaccione con una sonrisa ante un cumplido no solicitado, o cuando además del trabajo de cuidados domésticos se espera de ella que gestione las emociones de todos los miembros del núcleo familiar («habla de ello con tu madre»), etcétera.

Un aspecto que se pasa por alto muchas veces cuando se habla de *emotional labour* es la idea de que las mujeres en relaciones heterosexuales deben dedicarse a una especie de educación sentimental de su pareja. La creencia de que los hombres son incapaces de expresar sus emociones, constantemente reprimidas, crea una expectativa según la cual las mujeres son de alguna manera responsables de la vida emocional de sus parejas.

El «síndrome de enfermera de la cruz roja» es un problema bastante extendido. Innumerables libros, películas, series de televisión o canciones hablan del héroe atormentado que es salvado por el amor paciente de una joven que le enseña a amarse a sí mismo[20]. Se trata de un esquema romántico –un *habitus*, diría Bourdieu– tan común que parece deseable. Muchas mujeres se empeñan en prolongar relaciones tóxicas, convencidas de que pueden redimir a su pareja con la fuerza de su amor.

Una vez más nos encontramos ante un comportamiento social que se basa en el supuesto de que el trabajo emocional es una prerrogativa femenina, que los sentimientos son el dominio de las mujeres, mientras que la racionalidad, el control de las emociones a través de la razón, sería el dominio de los hombres, que no se ven arrastrados a los sentimientos.

Los mecanismos de dominación comentados por bell hooks se construyen a través de esta continua des-responsabilización y la urgencia por remediarla, que interiorizan las mujeres. Porque delegar las emociones y su gestión a un solo género también es una forma de dominación.

Resulta evidente que mientras se repitan los mismos patrones no será posible hablar de liberación colectiva, dado que no se puede hablar de comunidad si se excluyen de ella a todos los sujetos marginalizados.

Volvamos al tema del trabajo de cuidados, que la pandemia del coronavirus ha puesto de relieve con toda su dramática urgencia. Como hemos dicho en varias ocasiones, si en su momento las mujeres no solamente no podían sino que no debían trabajar, ya que solo así se garantizaba la supervivencia del capitalismo, cuando tuvieron acceso al trabajo asalariado –que en

---

[20] Algunos ejemplos, por quedarnos solamente en el ámbito de la pequeña y gran pantalla: el iniciador del género sería *Recuerda*, de Alfred Hitchcock (1945). Dentro de la temática de la enfermedad y la incapacidad, podríamos incluir a *El paciente inglés* (1996), *Un paseo para recordar* (2002) o *Antes de ti* (2016). Con la temática de la depresión, que también creó toda una categoría propia de personajes femeninos, la *Manic Pixie Dream Girl*, tenemos películas como *Algo en común* (2004) o *Elizabethtown* (2005). En el ámbito de los antihéroes, las series de TV *Peaky Blinders* (desde 2013) y *Sons of Anarchy* (2008-2014); en el de los *bad boys*, las películas *Grease* (1978), *Cincuenta sombras de Grey* (2015) y la serie *Sexo en Nueva York* (1998-2004).

todo caso aún se le retribuye menos que a sus compañeros de trabajo, y por consiguiente necesitan más horas de trabajo para cubrir sus necesidades– las mujeres tuvieron que hacer frente a la misma carga de trabajo de cuidados pero con menos tiempo a su disposición. Ante el continuo aumento del coste de la vida y los recortes en el sistema de bienestar, el escenario que afronta una familia que se sustente con un único salario (es decir, el del marido, que estadísticamente estará mejor retribuido) se vuelve cada vez más insostenible.

Pero si también trabaja la mujer, ¿quién se ocupa de los niños o de los miembros más ancianos de la familia? La solución que se ha encontrado para esta brecha de cuidados –además de unas políticas de conciliación familiar que resultan insuficientes– es su racialización, esto es, la importación de trabajadores (pero sobre todo trabajadoras) migrantes que desarrollan los trabajos de cuidados a cambio de un salario. Un sistema, ya de por sí criticable[21], que durante la pandemia mostró todos sus límites.

Con las escuelas cerradas, los padres teletrabajando en casa en régimen de *smart working* y sin contar con trabajadores domésticos (*baby-sitter*, asistentes domésticos, cuidadores y asistentes sanitarios), que se vieron imposibilitados de acudir a realizar sus tareas debido al confinamiento, las familias tuvieron que afrontar una situación inédita. Para muchos, el trabajo productivo había aumentado en lugar de disminuir, y el trabajo reproductivo nunca había resultado tan oneroso.

Una vez más, son las mujeres las que han soportado la mayor parte de este peso: tanto las madres como las propias tra-

---

[21] Uno de los libros más completos e interesantes sobre el tema en Italia es *Femonazionalismo. Il razzismo nel nome delle donne*, de Sara R. Farris (Roma, Alegre, 2019), que en los capítulos 4 y 5, respectivamente, «Femonacionalismo, neoliberalismo y reproducción social» y «La economía política del femonacionalismo» analiza las políticas de integración de la Unión Europea respecto a las mujeres migrantes, en particular las musulmanas y no-occidentales, construidas a partir del acceso a papeles mediante el ingreso previo en el mundo del trabajo (*workfare*).

bajadoras del hogar, que se han encontrado sin empleo o sin la posibilidad de cuidar a sus hijos por ser consideradas «trabajadoras esenciales».

El 9 de abril de 2020, Naciones Unidas publicó su primer informe sobre el impacto del Covid-19 en la población femenina: «La crisis global del Covid-19 ha visibilizado claramente el hecho de que las economías formales mundiales y nuestras vidas se sustentan en el trabajo invisible y no remunerado de mujeres y niñas»[22]. Muchas comentaristas han hablado de un paso atrás en los derechos de las mujeres, repentinamente catapultadas en los años setenta al escenario criticado por las feministas socialistas y marxistas: «A nivel global, todas las mujeres son amas de casa»[23].

La socialización del cuidado que creían posible las activistas no se ha materializado. De hecho, hemos asistido a una progresiva privatización del trabajo de cuidados, debida también a la desconfianza hacia las instituciones públicas, sanitarias y educativas.

Con la pandemia nos dimos cuenta de que no es sostenible un sistema de bienestar enteramente sostenido por un grupo social.

Las previsiones de futuro son aún más negativas: la crisis económica generada por la pandemia, al igual que la de 2008, acabará exacerbando las brechas de género ya existentes. Serán las mujeres, que ejercen en todo el mundo las profesiones menos cualificadas, menos protegidas y menos remuneradas, las que sufrirán despidos y repercusiones económicas a largo plazo.

Para resolver el problema de la crisis de los cuidados solo hay una solución: cambiar. Cambiar el sistema, cambiar los paradigmas del trabajo, del tiempo, del reparto de roles y tareas. Y podemos comenzar precisamente con lo que sugiere Martin Luther King: la libertad individual lleva a una liberación co-

---

[22] United Nations, *Policy Brief: The Impact of COVID-19 on Women*, 9 de abril de 2020.

[23] Vogel, *Marxism and the Oppression of Women*, cit., p. 19.

lectiva, teniendo en cuenta que no hay liberación si la comunidad no se hace cargo del trabajo de cuidados –necesario para los seres humanos, no para el sistema–.

Entonces, ¿cómo se puede construir la comunidad amorosa de la que habla King sin perpetuar las dinámicas existentes? Encontramos una respuesta en la ética afirmativa.

La ética afirmativa es una de las piedras angulares del pensamiento de Rosi Braidotti, filósofa y teórica feminista italiana que desde hace ya treinta años es profesora en la Universidad de Utrecht (Países Bajos). La filosofía de Braidotti tiene como punto de partida la *Ética* de Spinoza, de la que extrae tres conceptos en particular: potencia, alegría y práctica.

Para Spinoza, la potencia es una capacidad de ser de infinitos modos, que puede aumentar con la alegría y disminuir con la tristeza, las dos pasiones fundamentales. Cuando soy feliz, mi potencialidad de ser humano está en sus niveles más altos: estoy más vivo, más partícipe del mundo, tengo más impulso vital. Por el contrario, la tristeza me debilita, me vuelve inerte, menos presente. En consecuencia, también me sujeta más al poder, que tiene interés en mantenerme en la pobreza y la soledad; porque para realizarse, la potencia necesita del encuentro con el otro.

A Spinoza le interesa una dinámica de acrecentamiento; le interesa saber lo que un cuerpo *puede* hacer, no lo que *debe*; porque «nadie, hasta ahora, ha determinado lo que puede el cuerpo»[24]. Por ello el filósofo no escribe una moral, sino una ética: la moral es una serie de prohibiciones, mientras que el hombre necesita saber cuáles son sus posibilidades, cuál es su potencia de actuar.

El primer ejemplo de ley moral es el impuesto por Dios a Adán, prohibiéndole que comiera la manzana del árbol de la ciencia. Pero para Adán, la intención de comer el fruto prohibido, «considerada por sí sola, implica tanta perfección cuanta

---

[24] Baruch Spinoza, *Ética demostrada según el orden geométrico* [1677], trad. de Vidal Peña, Madrid, Alianza, 1998, p. 197.

esencia expresa»[25]: siendo el primer hombre de la Tierra, ¿cómo puede contentarse con una simple prohibición? ¿Cómo puede fiarse, sin tener términos de comparación, sin haber conocido antes una manzana? La ética, por tanto, escribe el filósofo francés Gilles Deleuze en sus lecciones sobre Spinoza, «tiene que ver con la potencia, nunca con el deber»[26].

En la base de la afirmación está la idea de que el hombre se define a través de su capacidad de ampliarse, de reunirse con el otro, de formar las «nociones comunes» que le permiten incrementar su potencia a través de la alegría.

Braidotti da el siguiente paso y hace que la ética afirmativa radique en la práctica política. En un mundo dominado por lo que Spinoza llamaría pasiones negativas: por la tristeza, el conflicto, la violencia y la muerte, sentimos cada vez más la necesidad de una recomposición social que se base en la construcción de un otro posible, no en la conmiseración ni en la destrucción de la sociedad. Si la tristeza y la soledad nos aniquilan, anulan nuestra potencia, no podemos abandonarnos a ellas: la ética afirmativa se fundamenta necesariamente en la alegría como instrumento político, como fuerza transformadora de lo existente. Y puesto que Spinoza rechaza la moral, y por tanto una idea prescriptiva del bien y del mal; puesto que solamente cuenta el cuerpo con sus pasiones y sus deseos, y la reunión con los otros, entonces deben ser estas pasiones y deseos las que guíen la vida en común.

La ética afirmativa propuesta por Braidotti debe mucho a las prácticas feministas. El feminismo ha sido el movimiento y la filosofía que ha puesto más que ningún otro el cuerpo y el deseo de cada mujer en el centro, en la medida en que es cons-

---

[25] Baruch Spinoza, *Correspondencia* [1677], trad. de Atilano Domínguez, Madrid, Alianza, 1988, p. 168.
[26] Gilles Deleuze, *Cosa può un corpo? Lezioni su Spinoza*, trad. it. de Aldo Pardi, Verona, Ombre corte, 2013, p. 58 [«*L'éthique c'est un problème de puissance, c'est jamais un problème de devoir*»; cfr. transcripción del curso original del 24 de enero de 1978 en Vincennes-St. Denis, accesible en webdeleuze.com (*N. del t.*)].

titutivo de un grupo que se reconoce en una «noción común».
Braidotti escribe:

> De este modo, el *conatus* se configura como deseo que la sub-
> jetividad tiene de cooperar, de conectarse, para el fin del aumento
> proporcional de las potencias de la singularidad y de la colectivi-
> dad, como capacidad de durar y resistir, nombrada en femenino:
> es la potencia, nunca el poder; afirmación, nunca sujeción. El de-
> seo mismo de estar a la altura de lo que somos capaces de hacer
> nos orienta en la elección de estilos de vida éticos[27].

Dentro del patriarcado, el feminismo se ha posicionado gracias a la afirmación de la mujer en la sociedad, construyendo
una alternativa a las redes de poder. En lugar de pedir un hue-
co, las mujeres, siempre marginadas, han creado un espacio de
la nada: si la medicina nos excluye, nos arreglamos solas. Si las
universidades no incluyen nuestros saberes, fundamos nuevas
universidades, y así sucesivamente. En esto, según Braidotti, el
feminismo es una «política de gozosa afirmación de contradis-
cursos» que fomenta «la contraproducción de afectos y deseos
políticos alternativos»[28].

La ética afirmativa solo puede basarse en la alegría, porque,
como afirma Spinoza, la tristeza está al servicio del poder y
salir de la marginalidad significa escapar de sus dinámicas. Con
mucha frecuencia, no obstante, pensamos que es la miseria lo
que nos reúne. Es un pensamiento mágico, consolador, que nos
hace creer que en el fondo todos somos iguales, que los ricos
también lloran. Pero justamente se trata más de una observa-
ción amarga que de un modo de cambiar las cosas y tratar de
imaginar una alternativa.

Alegría y el amor están entrelazados, y más aún si el amor
del que hablamos es ese amor agápico que puede borrar las

---

[27] Rosi Braidotti, *Materialismo radicale. Itinerari etici per cyborg e cat-
tive ragazze*, Milán, Meltemi, 2019, posición 525.

[28] *Ibid.*, posición 1286.

falsas fronteras entre nosotros y el resto del mundo. La afirmación, lejos de ser una forma de narcisismo, supone reconocer que eres alguien, ese ser alguien o *somebodiness* del que hablaba King. Una comunidad amorosa no puede basarse en la tristeza, porque en la tristeza no se forman las nociones comunes necesarias para mantenernos unidos, ligados en el único destino del que hablaba el reverendo, que no significa anular toda diferencia, sino reconocer que todos somos interdependientes.

El amor es un instrumento de alegría porque amando alcanzamos nuestro máximo potencial de ser humanos. Amar nos hace creativos, vigilantes, atentos, resistentes en un mundo dominado por la tristeza. El amor es gracia bajo presión.

CAPÍTULO V
¡Abran paso al Eros alado!

> «Donde reina el amor no existe voluntad de poder, y donde el poder tiene la primacía, ahí falta el amor».
>
> Carl Gustav Jung, *Sobre la psicología de lo inconsciente*

Excluida en vida de la historiografía oficial soviética, y decididamente demasiado socialista para figurar entre los ejemplos históricos de *empowerment* recuperados por el feminismo contemporáneo, Alexandra Kollontai es desconocida incluso en los círculos marxistas. Y pese a todo, no se puede decir que fuera una figura marginal en la Rusia revolucionaria: fue la única mujer en el gobierno de Lenin y la primera en el mundo que ocupó el cargo de ministra.

Alexandra Kollontai nació en 1872 en San Petersburgo como Alexandra Mijailovna Domontovich, hija de una heredera finesa que se había casado en segundas nupcias con el noble general y terrateniente Domontovich.

Alexandra, conocida como Sura, pasó una infancia y adolescencia felices, codeándose con la alta sociedad rusa y recibiendo una excelente educación privada. A los veintiún años se casó en contra de los deseos de su familia con un ingeniero, Vladimir Kollontai, con el que tuvo un hijo, Mijail. El matrimonio duró poco, pero gracias a su marido Alexandra comenzó a frecuentar las fábricas y por primera vez entró en contacto con la realidad de los obreros. Inmediatamente se apasionó por su causa y decidió ampliar sus estudios matriculándose en la Facultad de Economía de la Universidad de Zúrich, que desde 1867 había sido la primera en el mundo en permitir el acceso a las mujeres. En este periodo Sura tuvo la oportunidad de analizar la teoría marxista, que confirmaba lo que había visto con sus propios ojos en las fábricas, acercándose a los círculos socialistas y comprobando en primera persona las condiciones de los trabajadores ingleses.

Mientras las teorías revisionistas se abrían paso en Europa, Alexandra se mantuvo fiel al marxismo más ortodoxo y, precisamente por su creciente intolerancia hacia las nuevas ideas que ponían en peligro la causa revolucionaria, decidió regresar a Rusia. Allí Kollontai fue una de las agitadoras más influyentes de su tiempo y también empezó a interesarse por los derechos de las mujeres, convirtiéndose en defensora del sufragio universal y de la fundación de un movimiento de mujeres trabajadoras.

Distanciándose de lo que ella llamaba «feminismo burgués»[1], Kollontai estaba convencida de que la denominada cuestión de las mujeres estaba inevitablemente ligada a la cuestión de clase, y que no podía existir un movimiento de mujeres que no luchara también por subvertir el sistema.

En 1907, Kollontai luchó por la creación de un sector femenino dentro del Partido Obrero Socialdemócrata Ruso, que se ocupara de la triple carga que soportaban las mujeres como trabajadoras[2], amas de casa y madres. Pero su intento fue en vano: paradójicamente, los dirigentes del partido la acusaron de «feminismo», refiriéndose con este término a los movimientos de liberación femenina europeos, impulsados por mujeres burguesas, culpables de no abrazar la causa comunista; precisamente los mismos movimientos de los que Kollontai intentaba distanciarse por todos los medios posibles. Como prueba de su distancia respecto a las reivindicaciones de estos

---

[1] Alexandra Kollontai, *Vivere la rivoluzione. Il manifesto femminista che la Rivoluzione di Ottobre non seppe attuare*, Milán, Garzanti, 1979, p. 45.

[2] En cuanto trabajadoras, las mujeres también sufrían el estigma del movimiento obrero, que se sentía amenazado por la reciente incorporación de una mano de obra con un coste tan bajo como la femenina. Cfr. Virginia Fusco, «Love Rallies: Love and Materialist Feminism», *Revista de historiografía* 31 (2019), p. 152.

movimientos, que se centraban en el derecho al voto, en la educación y el acceso a las profesiones liberales, a lo largo de los años el análisis crítico de la revolucionaria se centró en un aspecto bastante ignorado por las sufragistas: la relación íntima entre los sexos.

Anticipándose en muchos años a las teorías de pensadoras como Simone de Beauvoir y Shulamith Firestone, por primera vez Kollontai dirigió la atención a los temas de la sexualidad y el amor romántico, identificando en ellos la raíz de la opresión femenina e investigando el conflicto entre lo público y lo privado, central para las reflexiones feministas posteriores.

Para Kollontai, el amor también es ideología, en la medida en que es expresión de la dominación de una clase sobre la otra, no solo del burgués sobre el proletario (burgués que ha establecido el matrimonio como la única forma aceptable de amor), sino también del hombre sobre la mujer.

La jerarquía afecta tanto a los roles dentro de la familia, asignando a la mujer el cuidado de la casa y al hombre el trabajo asalariado, como a los roles sexuales; revelando una relación entre oprimido y opresor que sin embargo es ignorada en la lucha de clases.

El ejemplo más llamativo de la desigualdad sexual para Kollontai es el vínculo de fidelidad, obligatorio para la mujer pero opcional para el hombre. Lo que se deduce de estructuras ideológicas como esa es que si se supera a la burguesía, ello implicaría también un replanteamiento de las relaciones íntimas, amorosas y sexuales entre personas que, si quedaran sin orientación y sin una nueva moral, sufrirían consecuencias desastrosas.

Los comunistas ignoraron repetidamente el aviso de Kollontai, tachando sus teorías de subversivas, seguros de que la revolución resolvería todos los males; también aquellos males relegados a segundo plano, que no obstante aquejaban la vida cotidiana de las mujeres.

A las dificultades del aislamiento cultural y político que vivían en Rusia, se sumó la persecución política del zar, que obligó a Alexandra a abandonar Rusia entre 1908 y 1917. Nadie en el partido parecía tomar en serio sus propuestas, ni siquiera su amigo Vladimir Lenin, que en todo caso quiso contar con ella para el Comité Ejecutivo del Sóviet de Petrogrado, y también después, una vez terminada la revolución, para que ejerciera de comisaria del pueblo para la asistencia social.

A pesar de sus funciones institucionales, Alexandra entró cada vez más en conflicto con el Partido Bolchevique, tanto por razones puramente políticas como por el descrédito que sus detractores arrojaron sobre sus teorías sobre la cuestión de las mujeres, consideradas demasiado burguesas.

En 1920 se vio políticamente marginada, entre otras cosas por su pertenencia a la corriente de la Oposición Obrera, y en 1922 llegó el golpe de gracia: se impidió su intervención en la conferencia del Comité Ejecutivo de la Comintern dada su hostilidad hacia la NEP, la Nueva Política Económica que restauraba parcialmente el comercio privado y que Kollontai creía que podía dar un nuevo impulso a la explotación de la prostitución, contra la que luchaba sin descanso.

A partir de ese momento, y durante los treinta años siguientes, quedó relegada a misiones diplomáticas, especialmente en el norte de Europa, demostrando una adhesión formal y poco convencida del nuevo rumbo marcado por Stalin. Actualmente se cree que pudo ser una adhesión necesaria para escapar de las purgas, que sin duda la habrían afectado, como le ocurrió a toda su generación de revolucionarios.

Alexandra murió en 1952 en un apartamento estatal en Moscú, pocas semanas antes de cumplir ochenta años, siendo la única de los miembros del Politburó de 1917, junto con Matvej Muranov, que sobrevivió ilesa a las grandes purgas de 1937-1938.

Aunque sobrevivió a los años del terror, Kollontai siguió siendo una figura poco favorecida en la memoria histórica de la Unión Soviética. Posiblemente esto no fuera tanto por las críticas que dirigió al Comité Central sobre cuestiones económicas y políticas, sino por su determinación a la hora de denunciar la mentalidad patriarcal que aún predominaba en la Rusia bolchevique. El proletariado –sostenía– no está conformado solamente por hombres, sino también por mujeres, que además de luchar contra el patrón deben combatir cada día a sus propios maridos, patrones de sus mujeres.

La institución que más criticó Kollontai fue el matrimonio, que consideraba una forma de «servidumbre legal [...] para preservar la sagrada institución de la propiedad»[3] (a pesar de que ella misma había contraído dos matrimonios: el primero con Vladimir Kollontai y el segundo, a los cuarenta y cinco años, con un suboficial naval ucraniano diecisiete años menor que ella, Pavel Efimovich Dybenko).

En esa época, el problema del matrimonio era muy discutido entre las feministas de toda Europa y de todas las facciones políticas, que esperaban la instauración de una forma de unión más liberal, esto es, basada en el amor libre entre los cónyuges, y que ya no estuviera ligada a la cuestión del intercambio económico decidido previamente por las dos familias. No obstante, Kollontai, desde su irreprochable materialismo, consideraba que era una solución impracticable excepto para una limitada capa social; la de las mujeres burguesas que podían permitirse el lujo de vivir una vida «de novela», mientras las campesinas y obreras debían pensar ante todo en su propia subsistencia y la supervivencia de la familia para la que, les gustara o no, tenían que proveer: aunque los matrimonios pudieran ser una fuente de opresión y subalternidad, para muchas eran la única forma de supervivencia.

Además de ser una solución ineficaz para resolver el problema de la pobreza femenina, introducir desde arriba el amor libre en una sociedad clasista podía ser peligroso: si de un día para otro desaparecían todos los vínculos afectivos, las mujeres se habrían encontrado con que tenían que criar solas a sus hijos, y los hombres se habrían sentido aún más legitimados para satisfacer sus caprichos sexuales, posiblemente desahogándose

---

[3] Kollontai, *Vivere la rivoluzione*, cit., p. 62.

con las mujeres más débiles y fácilmente coaccionables. Además, la presencia tan arraigada y normalizada de los celos en la sociedad habría acabado por crear situaciones dolorosas y arriesgadas. Si a lo largo de la historia del hombre el matrimonio había sido una cuestión de posesión, de propiedad privada, una vez se eliminaba este componente, que todos percibían como el único necesario para el funcionamiento de una relación, era necesario reeducar a las personas desde otros valores: respeto, comprensión, autodeterminación, igualdad entre los sexos.

Alexandra Kollontai fue la primera que elaboró una concepción política del amor, considerándolo no como una variable sujeta al espíritu de su tiempo, sino como el fundamento mismo de ese espíritu. Y pagó un alto precio por ello.

En 1923, cuando llevaba ya un año exiliada, escribió una carta a la revista *Molodaya Gvardiya* [«Joven Guardia»] en la que imaginaba su respuesta a un joven lector que le preguntara qué papel tenía el amor en la sociedad revolucionaria. El periódico publicó la carta con todas las precauciones necesarias, dejando claro que no compartía las teorías de la autora: la imprimió en papel diferente y la precedió de una página decorada con signos de interrogación, a la vez que se añadía una nota que explicaba que el contenido de la carta no reflejaba la línea editorial de la revista.

El texto de Kollontai comienza con una amarga constatación. Cinco años después de la victoria proletaria, en el momento en que todos los aspectos de la vida estaban cambiando radicalmente, el «enigma del amor» quedaba apartado: «Ante la amenaza revolucionaria, Eros, de tiernas alas, huyó del escenario de la vida», escribe. «No había tiempo ni sobraba energía para los "gozos y penas" del amor»[4]. En el entusiasmo de los primeros años de tensión, observa Alexandra, la moral se orientaba hacia una sexualidad más libre y menos condicionada, pero infeliz. Un «Eros sin alas». Sin embargo, ahora que hay

---

[4] *Ibid.*, p. 206.

que construir una nueva sociedad desde sus cimientos, este Eros sin alas que «no causa insomnio, no anula la voluntad, no involucra a la parte racional de la mente», hace miserables a las personas[5]: los trabajadores no quieren dedicarse solamente a leer el periódico. En 1918, el gobierno revolucionario había intentado dar continuidad al cambio social aprobando el código de la familia, que contemplaba el divorcio, la abolición del poder marital (igualando así el estatus legal de esposa y marido) y el reconocimiento de todos los derechos para los hijos ilegítimos. También se introdujo la prohibición de adoptar nuevos niños, porque a menudo, algunas familias campesinas se servían de adopciones fraudulentas para conseguir mano de obra infantil gratuita. El matrimonio se convirtió así en una institución puramente civil, una unión voluntaria entre un hombre y una mujer.

Le siguió una nueva medida, igualmente inédita: en 1920 Rusia fue el primer país del mundo que legalizó el aborto. Aunque no se considerara un derecho de la mujer sino una forma de control de la natalidad, temporal y revocable[6], aun así supuso un cambio gigantesco.

Sin embargo, nadie se había molestado en gestionar el terremoto cultural que vino tras estas innovaciones, que efectivamente ponían en cuestión los fundamentos del matrimonio y los roles de género tal y como siempre habían sido concebidos.

En la carta a *Molodaya Gvardiya*, Kollontai dice algo muy importante: ahora que el Estado cuida de todos los aspectos económicos y materiales que antes obligaban a contraer matrimonio –incluida también la maternidad, que sería colectivi-

---

[5] *Ibid.*, p. 207.

[6] El mismo decreto que despenalizaba el aborto lo definía como una «gran plaga» que será eliminada «adoptando las medidas adecuadas para la protección de la maternidad y de la infancia». El derecho al aborto se revocó en 1936. Kollontai era contraria al aborto y estaba convencida de que la maternidad era un deber social del cual, en una sociedad racionalmente organizada, se haría cargo el Estado. Cfr. *ibid.*, p. 91.

zada como todos los demás ámbitos de la vida– ahora es nuestra responsabilidad repensar el amor.

El amor, vinculado de este modo a las condiciones materiales, se divide también en la guerra civil entre la moral burguesa y la proletaria. La moral burguesa insiste en enjaular el amor dentro de la esfera de lo que es legítimo. El fin del matrimonio es la concentración del capital (como sostenía Engels, ya lo hemos visto) y no el desarrollo de la persona o de la pareja. Por eso el amor burgués debe seguir siendo un amor privado, que evita las interferencias de otros individuos (a pesar de que los hombres puedan beneficiarse del trabajo sexual, es decir, de una forma institucionalizada de adulterio, sin demasiadas repercusiones).

Pero este principio contrasta con la naturaleza del amor, que «tiene tantos rostros y aspectos», hasta el punto de que para Kollontai el amor se ha convertido en un término «genérico e impreciso», incapaz de incluir todos esos aspectos[7].

Entre la necesidad de privatizar el amor y las nuevas expectativas de la sociedad se crea una dicotomía, un pliegue por el que se desliza con facilidad el conflicto que hemos descrito en estas páginas. «Durante milenios, una cultura cimentada en la institución de la propiedad ha inculcado en los hombres la convicción de que amor y propiedad están estrechamente ligados», explica la revolucionaria rusa[8], ¿pero qué pasa si amamos a varias personas, o si la sociedad sanciona nuestra unión como errónea o inaceptable? Sucede que hipócritamente nos sentimos legitimados para vivir estas relaciones en la sombra, o peor aún, abocados a desahogar nuestros instintos de manera ilícita, causándonos un enorme sufrimiento a nosotros mismos, pero sobre todo a los demás. Nos entregamos al Eros sin alas porque no tenemos la valentía de acoger al Eros alado.

Hemos aprendido ya que no solo existe el amor romántico, sino que hay muchos tipos de amor, y que los vivimos todos de

---

[7] *Ibid.*, p. 217.
[8] *Ibid.*, p. 218.

forma diferente. Hemos aprendido también que amar no solo es experimentar un sentimiento, sino que es una acción deliberada, y que las posibilidades de llevar a cabo esta acción se ven en gran medida influidas por las condiciones sociales y políticas en las que vivimos.

Deseamos el amor, nos gustaría ser destinatarios de él, lo consideramos nuestro derecho, pero a menudo somos incapaces de verlo también como un deber. Culpamos a los demás si nadie nos ama, sin preguntarnos nunca qué hacemos para no sucumbir a una idea unilateral y egoísta del amor, donde solamente cuentan nuestros sentimientos y deseos.

Hablamos del *ágape* como la forma más elevada de amor, un amor resistente, militante, que es capaz de transformar la sociedad, pero lo cierto es que cada día lidiamos con una dimensión más contenida pero no por ello menos importante del «amor»: el *eros*, el amor conyugal y erótico, y *storgé*, el amor por nuestros seres queridos. Sobre ellos tenemos el poder de actuar de forma inmediata, y desde ellos debemos partir no solo para transformar radicalmente nuestras vidas sino también para imaginar que es posible otra cosa, una sociedad donde el amor sea algo fundamental no solamente en un plano teórico o abstracto, sino también a nivel material, práctico; donde no sea solamente el argumento de películas o novelas, ni algo tan frustrante y obstaculizado que acabe volviéndose indeseable.

El eros sin alas de Alexandra Kollontai no es tan diferente del *pragma* contemporáneo, que nos hace vivir cada relación desde el cálculo y la conveniencia.

En cierto modo, hoy también tenemos que procesar el mismo trauma que experimentaron los rusos en 1918: nuestras certezas sobre el amor se han derrumbado en un momento histórico ya de por sí caracterizado por la precariedad y la incertidumbre.

El ritual del matrimonio, como pacto económico entre familias para la acumulación y transmisión controlada del capital, ya no se corresponde con lo real. En apariencia, nuestras relaciones son libres, y de hecho el propio matrimonio ha perdido –afortunadamente– ese carácter sagrado y esa inviolabilidad que en el pasado lo caracterizaban.

Hoy en día existen muchas relaciones socialmente aceptables, y algunas, como aquellas entre personas del mismo sexo, pueden disfrutar de un reconocimiento jurídico que era impensable hace menos de medio siglo. Pero, como dice Eva Illouz, la auténtica experiencia del amor sigue siendo una experiencia liminal, en la que se «explora los límites de aquello que el grupo social permite, controla y sanciona, [y por tanto] contiene elementos de transgresión, pero también mecanismos para restablecer el orden "normal" de las cosas»[9].

De modo que amar verdaderamente significaría colocarse en la frontera entre lo que es lícito y lo que está proscrito, entre lo que deseamos íntimamente y lo que la sociedad espera de nosotros: se reconocen las uniones civiles, pero se las considera como un matrimonio de segunda clase; una pareja puede decidir no tener hijos, pero serán siempre juzgados por ello; varias personas pueden iniciar una relación poliamorosa, pero no se entenderá su elección. Por muy variadas que parezcan las formas concebibles de vivir el amor, la forma dominante sigue siendo la heterosexual y orientada hacia la familia nuclear.

Esta afectividad tan prescriptiva, puesta a prueba por la cotidianeidad, a menudo no coincide con nuestras expectativas sobre lo que es o debería ser el amor. Nuestra idea del amor es una utopía, explica Illouz, porque invierte el orden social: estamos habituados a estar en la base de la pirámide, creemos que no importamos nada, pero cuando estamos enamorados somos los sujetos, somos nosotros quienes somos importantes. Ante la promesa de este protagonismo, el hecho mismo de estar en una relación se convierte en algo que estamos dispuestos a priorizar, incluso a costa de nuestra felicidad. Nos conformamos con lo que es más conveniente, abrazando la ideología del *pragma*.

A menudo el amor se convierte en una extensión de nuestro ego, en la búsqueda de una validación personal y sobre todo

---

[9] Illouz, *El consumo de la utopía romántica*, cit., p. 29.

de un éxito que reivindicar dentro de la sociedad, como haber sentado cabeza, tener la familia perfecta, tener una vida sexual que todos envidian, estar rodeado de amigos.

Esta concepción del amor, alentada por la producción cultural, no es otra cosa que el reflejo del espacio social que habitamos. Basta observar cómo se han formado muchas parejas, que se aman y se eligen libremente, pero que muchas veces provienen del mismo estrato social, frecuentan los mismos ambientes y tienen los mismos gustos.

Bourdieu lo explica bien: se trata de nuestro *habitus*, nuestro modo de estar en el mundo, que se reconoce en otro *habitus*, en un proceso que nos gusta pensar que es espontáneo e independiente de nuestra voluntad pero que en realidad deriva de quiénes somos, de la familia en la que hemos nacido, de nuestro nivel de educación.

El sociólogo escribe:

> La extrema improbabilidad del encuentro singular entre las personas singulares, que enmascara la probabilidad de azares sustituibles, lleva a vivir la elección mutua como venturosa casualidad, coincidencia que imita la finalidad («porque era él, porque era yo»), aumentando así el sentimiento de lo milagroso[10].

Esta suerte de *amor fati* es problemática en dos ámbitos. Por un lado, se trata de una concepción esencialista del amor, que tiende a borrar nuestra responsabilidad como individuos respecto de las acciones que realizamos: el corazón no puede ser domado, y con ello admitimos con ligereza que *nunca estaríamos* con una persona pobre, con una persona negra, con una persona trans, con una persona gorda, y así sucesivamente, sin preguntarnos por qué decidimos tomar tales decisiones a priori, declararlas como verdades absolutas e inamovibles. El segundo problema es que se trata de una internalización del *pragma;*

---

[10] Pierre Bourdieu, *La distinción. Criterios y bases sociales del gusto*, cit., p. 240.

un amor que, en lugar de ser de valentía y ruptura respecto a los ejes del poder, no hace más que perpetuarlos yendo incluso más allá de nuestras intenciones.

La continua e incurable necesidad de sentirnos realizados, de saber que valemos algo a los ojos de los demás, a menudo nos empuja a optar por el camino más corto y cómodo. Ante esta necesidad, respondemos por un lado con una actitud de defensa, casi de resignación. En un diálogo sobre el amor de Alain Badiou con Nicolas Troung, en 2008, el filósofo francés plantea un razonamiento interesante sobre el tema. El amor «securitario» actual, dice Badiou, obedece a «la categoría fundamental de la ausencia de riesgos»[11]: nuestra sociedad está obsesionada con la seguridad y tiende a proyectar todos los riesgos sobre el otro. Nos refugiamos en el consolador pensamiento de que nunca nos pasarán cosas malas y estamos dispuestos a todo para que siga siendo así.

La pérdida de seguridad debida al declive de los matrimonios concertados nos ha convencido de que

> el amor es un riesgo inútil [y] es posible tener, de un lado, una especie de preparado conyugal que se continuará en la dulzura de la consumación y, del otro, acuerdos sexuales agradables y plenos de goce, gracias a una economía de la pasión[12].

Por otro lado, la solución para dar salida a nuestra necesidad de reconocimiento es la acumulación: lograr el mayor número posible de experiencias sexuales, sin miramientos hacia nuestros sentimientos y los de los demás. De este modo nos sentimos legitimados para anteponernos a cualquier otra necesidad que requiera una relación de amor, o en general cualquier relación. Fenómenos como el *ghosting* –la práctica, muy extendida entre los usuarios de aplicaciones y páginas de citas, de

---

[11] Alain Badiou y Nicolas Truong, *Elogio del amor*, trad. de Ana Ojeda, Buenos Aires, Paidós, 2012, p. 18.
[12] *Ibid.*, p. 20.

desaparecer repentinamente de la vida de alguien y volverse ilocalizables– reflejan una idea de posesión, casi de omnipotencia, en el disponer del otro, de su tiempo y de su atención, hasta el punto de poder convertirse en un fantasma para él. Uno se marcha sin dejar rastro ni explicación, para no asumir la responsabilidad de causar sufrimiento, y para no tener que verlo en los demás.

Tampoco es fácil decidir que se asumirán los riesgos. Cuando hacemos el intento de salirnos de los raíles de la normatividad, abandonándonos a amores difíciles, controvertidos, marginales, nos damos cuenta de que la famosa pirámide ni siquiera nos tiene en cuenta. Estamos fuera de los límites de la sociedad.

Es decir, que de un modo u otro estamos condenados a no poder ejercer libremente nuestra voluntad, aplastados por el miedo o el juicio ajeno. Pero quizás no nos hemos preguntado lo suficiente sobre cuáles son las razones por las que la ideología *pragma* ha logrado penetrar con tanta fuerza en nuestras vidas, hasta el punto de que nos parece la única solución al problema del amor.

El amor auténtico asusta, señala Badiou, porque no nos eleva, ni nos hace descender: nos mueve. Cambia nuestra perspectiva, nos permite «construir un mundo desde un punto de vista descentrado en lo que tiene que ver con [nuestra] simple pulsión de supervivencia, o mejor, de [nuestro] interés»[13].

Si miro una puesta de sol con la persona que amo, viviré una bellísima experiencia porque sé que la persona amada está mirando el mismo atardecer que yo: está construyendo conmigo su idea de mundo, como decía Platón (o Diotima) en *El Banquete*. Y entonces el mundo ya no es «lo que llena mi mirada», el horizonte finito que podemos ver solos, sino que se convierte en «la posibilidad de presenciar el nacimiento del mundo»[14] a través de los ojos de quien amamos.

---

[13] *Ibid.*, p. 31.
[14] *Ibid.*, p. 32

El problema es que no hay nada que más nos atemorice que darnos cuenta de que no es nuestra idea del mundo la que define la realidad, que no somos los únicos que decidimos qué es real, qué está bien y qué es importante. El amor fuerza en nosotros una mirada alternativa. El amor sin riesgos, el Eros sin alas, nos protege de esta amenaza.

Frente a la misma desorientación que sintieron los contemporáneos de Kollontai, hoy en día aún tendemos a pensar que para resolver la crisis del amor basta con sacudirnos de encima las ideas que nos han legado nuestros padres o abuelos. Nos gusta pensar que somos libres de hacer lo que queremos con nuestras relaciones y nuestra sexualidad.

Nos gustaría que amar fuera tan fácil como beber un vaso de agua: así, con cierto desprecio, describió Lenin las teorías de Kollontai a la revolucionaria alemana Clara Zetkin, que estaba visitando Moscú en 1920, poco antes del exilio de Alexandra. Pero lo que Kollontai entendía por Eros alado no podría estar más lejos del gesto simple e instintivo de beber un vaso de agua. Por el contrario, elegir el amor significa comprometerse cada día, asumir responsabilidades hacia los demás, cuidar de quienes amamos, trabajar sobre nosotros mismos. Y pese a todo, es necesario dar el siguiente paso y ampliar la mirada a todo lo que nos rodea.

El Eros alado es una forma de salvaguarda del bienestar general, que no sirve a los intereses del individuo o del núcleo familiar, sino de la colectividad: cuanto más numerosos son los vínculos afectivos, más presente está el amor, y mayor es el sentimiento de cohesión y solidaridad. Precisamente porque el amor es un laboratorio de construcción continua de relaciones con los demás, nos permite no perder de vista nuestra relación con la sociedad. El Eros alado, de hecho,

> lleva a reconocer los derechos y la integridad de la personalidad del otro, a fomentar una relación de apoyo mutuo, de simpatía, de participación y de comprensión de las necesidades del otro[15].

---

[15] Kollontai, *Vivere la rivoluzione*, cit., p. 220.

La sensación de participar en las necesidades de los demás y la conciencia de la relación entre individuo y comunidad no puede tener otra fuente que el «amor, en el sentido más amplio del término»[16]. El Eros alado, concluye Alexandra,

despierta en quien ama las cualidades interiores necesarias para construir una nueva cultura, esto es, la sensibilidad, la comprensión, el deseo de ayudar a los demás[17].

Kollontai también lo llama «potencial de amor»: al amar a alguien, acogemos en nosotros y en el otro sus necesidades, su vulnerabilidad. En una palabra, cuidamos de él. Y el cuidado es algo que se multiplica, que reverbera en el bien que hacemos.

En las líneas finales de su carta, la revolucionaria expresa perfectamente la dependencia mutua entre *ágape* y *eros*: el cambio puede cultivarse a partir de los afectos más próximos. El ejercicio cotidiano del amor es lo que nos prepara para ser más conscientes y valientes frente a los desafíos de nuestro tiempo, porque nos acostumbra a pensar no solamente en nosotros mismos sino también en los demás. Nos espolea a mejorar y a animar a quienes están con nosotros a que mejoren.

El amor nos entrega ante todo consciencia, un valioso regalo que nos hace entender cuál es nuestro papel en la comunidad y qué tipo de relación hemos decidido cultivar con ella. Si la vieja moral exigía que todas nuestras energías se dirigieran a la persona amada, la nueva moral utiliza esas mismas energías para llevarlas al resto del mundo.

En este sentido, nuestra mente no puede sino volver a Spinoza y al concepto de ética afirmativa: la alegría del amor nos engrandece, nos hace espiritualmente más ricos y por tanto más vigilantes ante el poder, más resistentes ante los abusos, más inmunes a la tristeza.

---

[16] *Ibid.*
[17] *Ibid.*, p. 219.

Antes incluso del *ágape* está el *eros*. Se siente la necesidad de preguntarnos, como el joven obrero que escribía a Kollontai, qué lugar ocupa el amor en la sociedad, y por tanto, dentro de nosotros.

Cabe preguntarse si estamos dispuestos a revisar nuestras preconcepciones sobre el amor, a liberarnos de las cadenas con las que la sociedad nos ha aherrojado, y con las que volvemos a encadenarnos cada vez que alguien nos da la llave.

Hay que reclamar el tiempo necesario para vivir el amor de modo auténtico, para no relegarlo a los márgenes de cada uno de nuestros días.

Hay que exigir su autonomía respecto a un sistema fundado sobre desigualdades económicas y sociales, de género y de raza, donde hay relaciones todavía más importantes y protegidas que otras, que sin embargo no se consideran dignas de existir.

El amor debe volver a ser, de forma universal, cuidado: ese cuidar que hemos exigido a las categorías sociales más frágiles y marginadas, convirtiéndolo en un trabajo poco cualificado y despreciado, pese a ser desesperadamente necesario.

Y si nuestro sistema es precario e injusto, pero al mismo tiempo abrumador e inquebrantable, en todo caso podemos actuar en el ámbito privado, empezando justamente por quienes tenemos cerca: nuestros compañeros, nuestras familias, nuestras comunidades.

El amor no es un estado de gracia ni un objetivo lejano, es una práctica cotidiana de resistencia que nos recuerda que también hay algo hermoso y bueno en una realidad difícil de cambiar. Y, sobre todo, que si no podemos cambiar la realidad, al menos podemos cambiarnos a nosotros mismos.

Para criticar las teorías de Alexandra Kollontai, el psicólogo ruso Aron Zalkind escribió en 1927: «Realmente temo que con el culto al Eros alado no logremos nunca construir aviones»[18].

Pero no nos interesa construir aviones: queremos volar.

---

[18] *Ibid.*, p. 129.

ÍNDICE

I. Las seis ideologías del amor 9

II. El amor en tiempos de neoliberalismo 29

III. El dominio simbólico del amor 51

IV. Amor como comunidad 73

V. ¡Abran paso al Eros alado! 97

AKAL / PENSAMIENTO CRÍTICO
ÚLTIMOS TÍTULOS PUBLICADOS

Susie Alegre
Libertad de pensamiento
La larga lucha por liberar nuestra mente
978-84-460-5417-7 | 400 pp.

Jaime Vindel
Cultura fósil
Arte, cultura y política entre la Revolución industrial y el calentamiento global
978-84-460-5334-7 | 496 pp.

Gerardo Pisarello
Dejar de ser súbditos (2.ª edición)
El fin de la restauración borbónica
978-84-460-5353-8 | 336 pp.

Jesús Casquete (ed.)
Vox frente a la historia
978-84-460-5385-9 | 144 pp.

Lucía Cirmi Obón
Economía para sostener la vida
978-987-836-732-3 | 232 pp.

José Luis Moreno Pestaña y Jorge Costa Delgado (coords.)
Todo lo que entró en crisis
Escenas de clase y crisis económica, cultural y social
978-84-460-5313-2 | 512 pp.

Francisco J. Leira Castiñeira (ed.)
El pacifismo en España desde 1808 hasta el «No a la guerra» de Iraq
978-84-460-5330-9 | 608 pp.

José Luis Moreno Pestaña y José Manual Romero Cuevas (coords.)
Recuperar el socialismo
Un debate con Axel Honneth
978-84-460-5225-8 | 336 pp.

Françoise Vergès
Una teoría feminista de la violencia
Por una política antirracista de la protección
978-84-460-5269-2 | 176 pp.

Perry Anderson
Spectrum
De la derecha a la izquierda en el mundo de las ideas
978-84-460-4903-6 | 544 pp.

Iñaki Domínguez
Macarras ibéricos
Una historia de España a través de sus leyendas callejeras
978-84-460-5216-6 | 384 pp.

Grégoire Chamayou
La sociedad ingobernable
Una genealogía del liberalismo autoritario
978-84-460-5182-4 | 432 pp.

Albert Noguera
El retorno de los humildes
El proceso de cambio en Bolivia después de Evo
978-84-460-5174-9 | 272 pp.

Alberto Santamaría
Un lugar sin límites
Música, nihilismo y políticas del desastre en tiempos del amanecer neoliberal
978-84-460-5168-8 | 296 pp.

Javier Moreno
El hombre transparente
Cómo el «mundo real» acabó convertido en big data
978-84-460-5150-3 | 336 pp.

Iñaki Domínguez
Macarrismo
978-84-460-5164-0 | 160 pp.

Razmig Keucheyan
Las necesidades artificiales
Cómo salir del consumismo
978-84-460-5112-1 | 232 pp.

Amador Fernández-Savater
La fuerza de los débiles
El 15M en el laberinto español. Un ensayo sobre la eficacia política
978-84-460-5090-2 | 144 pp.

Gerardo Pisarello
Dejar de ser súbditos
El fin de la restauración borbónica
978-84-460-5084-1 | 272 pp.

Iñaki Domínguez
Homo relativus
Del iluminismo a Matrix. Una historia del relativismo moderno
978-84-460-5033-9 | 408 pp.

José Luis Moreno Pestaña
Los pocos y los mejores
Localización y crítica del fetichismo político
978-84-460-5038-4 | 144 pp.

Marco Sanz
La emancipación de los cuerpos
Teoremas críticos sobre la enfermedad
978-84-460-5037-7 | 160 pp.

Jack Goody
El robo de la historia
978-84-460-4904-3 | 464 pp.

Antonio J. Antón Fernández
El sueño de Gargantúa
Distancia y utopía liberal
978-84-460-4867-1 | 368 pp.

Richard Seymour
The Twittering Machine
(La máquina de trinar)
978-84-460-4914-2 | 304 pp.

Erik Olin Wright
Cómo ser anticapitalista en el siglo XXI
978-84-460-4999-9 | 192 pp.

Fernando Broncano
Conocimiento expropiado
Epistemología política en una democracia radical
978-84-460-4995-1 | 456 pp.